编委会名单

顾　问： 李保俊　司徒葵东　任　平

主　编： 郭秋生

副主编： 李晓萌

编　委（以姓氏笔画为序）：

王丹红　陈　彤　陈美苑

黄兴富　黄志宏　冀殿琛

佛山市顺德区郑敬诒职业技术学校
国家中等职业教育改革发展示范校建设系列成果

总主编　李保俊　司徒葵东　任　平

琢玉

班主任爱的故事

主　编　郭秋生
副主编　李晓萌

暨南大學出版社
JINAN UNIVERSITY PRESS

中国·广州

图书在版编目（CIP）数据

琢玉：班主任爱的故事/郭秋生主编，李晓萌副主编. —广州：暨南大学出版社，2014. 7
ISBN 978 - 7 - 5668 - 1141 - 7

Ⅰ. ①琢…　Ⅱ. ①郭…②李…　Ⅲ. ①中等专业学校—班主任工作—经验　Ⅳ. ①G718. 3

中国版本图书馆 CIP 数据核字（2014）第 196833 号

出版发行：暨南大学出版社

地　址：中国广州暨南大学
电　话：总编室（8620）85221601
营销部（8620）85225284　85228291　85228292（邮购）
传　真：（8620）85221583（办公室）　85223774（营销部）
邮　编：510630
网　址：http：//www. jnupress. com　http：//press. jnu. edu. cn

排　版：广州良弓广告有限公司
印　刷：佛山市浩文彩色印刷有限公司

开　本：787mm × 960mm　1/16
印　张：8. 5
字　数：140 千
版　次：2014 年 7 月第 1 版
印　次：2014 年 7 月第 1 次

定　价：22. 00 元

目　录

下编　　赋玉灵气　感受幸福

前 言

当班主任难，当职业学校的班主任更难。从某种意义上来讲，职业学校的学生是一个比较特殊的学生群体：他们文化底子薄，个体差异大，缺乏组织纪律性，学习缺少动力，法律观念淡薄，行为还有些偏激。对这样一个学生群体进行教育和管理，其难度不言而喻。但也恰恰因为如此，才更显示出对这些孩子进行认真管理、耐心教育和引导，使他们成为对社会有用的人的必要性。职校班主任就是负责管理这样一个特殊的学生群体，并把其教育和培养成对社会有用的人的职位。要做到这一点，需要各位老师做更多细致的工作、付出更多的爱心与耐心。

法国教育家卢梭曾经说过，“凡是缺乏师爱的地方，无论品格还是智慧都不能充分自由地发展，只有真心实意地去爱学生，才能精雕细刻地去塑造他们的灵魂”。工艺师琢玉，要对得起这块玉料，为师者也要对得起学生。玉有灵，工艺师要做的就是赋之以魂。孩子和玉一样有自己独特的地方，老师要通过爱的教育让学生的才能、特长得到更好的发挥，看到有缺点的孩子，要像工艺师雕琢玉石一样，突出其美丽的地方，使之成为艺术品。作为班主任，一定要学习玉雕师“善心琢玉、苦心做人”的品质，用心用智去“相才取料”、“就质琢形”，不放弃任何一个孩子，精心地去培养他们，把他们的潜能挖掘出来。

郑敬诒职业技术学校结合“为区域社会发展，培养德能兼备、身心两健的技能型人才”的办学宗旨，把德育工作定位为“琢璞成玉，把每一个学生塑造成自信、自律、自强的阳光少年，最终成长为社会认可、企业接纳的合格职业人”，并树立了“琢璞成玉”的学生观和育人观，形成了

“琢玉德育”特色。本书是该校班主任教育故事的集萃，以班主任日常工作过程中的亲身经历为载体，着重从实践中汲取生动而朴实的案例，体现了该校班主任“琢玉”的育人理念、智慧和技巧，具有可读性、可借鉴性，可作为我校教师乃至全社会教师教书育人工作中的一道精神大餐。当然，本书尚存在许多不足，敬请社会各界人士批评指正。

编　者

2014 年 5 月 26 日

上编 精雕细琢 以爱育爱

精雕细琢出美玉

王 旭

我从大学时代一路走来，褪去了学生时代的青涩，慢慢地融入了自己现在的工作，完成了从学生到老师的角色转型。回想起去年做班主任时既忙碌又狼狈的那段经历，心里真是百感交集。

《中小学教师职业道德规范》要求教师要关爱学生，对学生严慈相济，做学生的良师益友，也就是要求教师做到“教育爱”。面对心智、性格各异的学生，总有那么几个特别的学生需要多花心思。而现在我要说的就是班里那几个有些“特别”的学生。

那是刚开学一个多月的时候。一天上午放学后，我不放心，就去班里检查下纪律。那天学生们应该是刚上完体育课，由于带钥匙的学生忘记带了，于是大家打完饭都聚在走廊上吃。我上去后，一些男生以为我带了钥匙，就像看见救星一般。当知道我没带后，一个平时就很叛逆的男生用粤语说了句“你妹”。作为老师，我有着对语言的敏感，虽然没听懂，但是能感觉到这句话是句脏话。我没有理他，另外一个男生以为我完全不知道这句话是什么意思，便走到我面前，笑着说：“老师，我想认识‘你妹’。”“你妹”两个字他用的是普通话，前面那个学生用的是粤语，两下一对比，我一下子就听懂了这句在网络上流行的脏话。他们竟用这句话来挑衅老师，可见我作为班主任，在他们心目中并没有什么威信可言，我当时火一下子就上来了，觉得这样不尊重老师的行为是很难让人接受的。我很生气，不过我压住了火，只是让他们写检讨书。后来，我在办公室把这件事告诉了一个老教师。性子比较急的她听完就说，“你必须严肃处理这件事情，太不像话了”。我一听，心里委屈得不行，想到自己大老远从北方来到这里，没有亲人朋友可以倾诉，现在就连一个老师应该有的尊重都得不到，心里像打翻了五味瓶一样，就哭了起来。哭完后，我反思自己这一个月来做班主任的经历确实很失败，“严慈并济”我并没有做到，因为之前有个女生跟我说，“老师，你一点也不严厉”。我想这句话并不是纯粹的赞扬。于是，我决定要好好处理这件事。下午，我打电话让这两个男生的家长来一趟，家长很配合，但其中一个男生却很抵触，他居然说了句“你想干嘛就干嘛啊”，丝毫没有认错的悔意。家长来了之后，经过了解，我发现这两个男生在家里就有很多问题，比较叛逆的那个男生在家里很少叫“妈妈”，更不用说和家长说话，另外一个男生总是撒谎。对于这样的孩子，我第一次感觉到“棘手”二字的真正含义。我们坐在大会议室里，其中一个男生的妈妈知道自己儿子的这般表现，哭得很伤心，我看她哭得那么伤心，想起我在这两个男孩身上投入的感情，也伤心地哭了起来。后来，那个比较叛逆的男生也哭了，他的表情也发生了变化，变得柔和起来。最后，两个人写了保证书，我没有让他们当堂念，因为这个年龄的孩子都有很强的自尊心，达到教育的目的就行了，事情没必要扩大。这是我哭得最伤心的一次，在新的岗位上，我第一次知道有时候付出未必有回报，特别是感情。

我们总说，学校的目标是先育人再教书。而每个问题学生背后都有一个有问题的家庭，我那时候并不懂得要先跟家长全面地了解一下自己的学生，现在反思那时候的做法，觉得并不成熟。我问过很多老教师，这种事情他们也都遇见过，每个人的处理方式也都不同，但是都有一个共同点，就是一定不能让自己生气，这是在教育过程中会遇到的一个很平常的问题，学生并不都是懂事的，你给予他们的期望不能过高。

我们班有一个男孩子特别好动，班里很多学生反映他上课爱说话、起哄，科任老师也向我“投诉”他，于是，我询问了他的家人，终于发现了问题所在。他的父母常年在国外工作，没有时间管他，他也从来不听他们的话，他从小学五年级起就寄居在舅舅家，他的舅舅和舅妈就像他的父母一样。他的舅妈说，从小学起他们就总被叫去老师的办公室，老师们都不喜欢他，因为他太调皮了，诸如大半夜敲盆搞得宿舍里的其他同学没法睡觉，上课说话影响课堂纪律更是家常便饭。我在大学选修过心理学，知道他的“多动症”其实就是想吸引别人的注意。这很容易理解，舅舅家有一个和他一样大的儿子，在重点高中读书，从小学习好，人又乖，得到的都是别人的赞扬，而他从小就被视为一个让人头痛的孩子，这样的孩子寄居到别人家里，很容易就被忽视了，于是他想要通过其他方式来引起别人对他的重视。

我想，越是如此我就越不能像之前的班主任那样对他，这样容易引起他的反感。我找他谈过几次，慢慢地，我们成了朋友。我的要求是，下课可以调皮，但是上课不可以，不然我会伤心、会不喜欢他的。渐渐地，他也知道了自己在老师心中的位置，为了不失去这份信任，他也在努力地自律。每次下课，他都会过来问一句：“老师，我今天乖不乖?”后来，我让他担任班里的卫生委员。我发现，自从他做卫生委员以来，班里的垃圾就再也没有被人忘记倒过，因为他好动，他喜欢说，所以对于一些事情他就比别人勤快一些。有一次，他跟我说：“老师，我现在会很乖的，因为我好不容易才遇见一个这么好的老师，我要好好珍惜。”我听了之后，热泪盈眶。

我想，这应该就是爱的教育的力量。每个孩子心里都有一块柔软的地方，他们对老师表现出的任何叛逆，都只是因为老师的身份让他们反感，可是如果一个老师真心地去帮助他、理解他，他真的会发生变化。

苏霍姆林斯基说过，“只有心地善良的人才能易于接受道德的熏陶。谁要是没有受到过善良的教育，没有感受过与人为善的那种欢乐，谁就感受不到自己是真实而美好的事物的坚强勇敢的卫士，他就不可能成为集体的志同道合者”。所以，当一位教师遇见“几块坚硬的石头”而无力产生爱的时候，不妨想想这句话，只要这个学生的心是善良的，通过爱的教育总能慢慢地感化这块“石头”，即使不能把他变成一块温润的玉，也能慢慢地磨掉石头上的棱角。

你是美玉

李小平

爱是一缕阳光，爱是一滴雨露，教育者的爱一旦进入青少年的心灵，就会产生巨大的能量，不仅会使他们的心灵迸发出善良、崇高的情感，而且还能点燃他们智慧的火花。

爱学生就要了解学生。进入职业学校的学生在初中大多是所谓的“后进生”，他们文化底子薄、学习习惯不好、接受能力差、自我约束能力差，但是当你关心他们、热爱他们的时候，你就会发现他们是如此可爱、朝气蓬勃、向善和上进。每个学生都是一块璞玉，他们有着不同的形态，散发出不同的光芒，这一切都需要我们用爱去雕琢。

爱学生就赞美他们。

赞美是春风，它能让人感到温馨、充满感激；赞美是火种，它能点燃人们心中的憧憬与希望。机械班的黄同学，性格特别内向，不爱跟大家说话，也不爱跟大家玩，总是一个人独来独往的。上课时他总趴着，倒不是睡觉，而是为了不让老师看到他的脸，走路时全身也很僵硬、不放松。我跟他说话时，发现他虽然很想说，但会紧张得全身颤抖，脸涨得通红，就是说不出一句话来。还记得有一次因为助学金的事我打电话到他家找他父亲，第一通电话通了，但我听不见人说话，于是挂了电话。后来我突然觉得可能是黄同学接的电话，于是我又打过去，通了以后，直接问，“是黄同学吗？你爸在家吗？”问了半天，才听到他说不在家，我就问他爸的手机号码，可他的声音小到我愣是没听清楚。针对这种情况，我先找到他的家长了解情况。据说他小时候乖得出奇，不哭不闹，长大后也从不出去玩，在家有时父母叫着也能帮着干点事，我告诉他父亲他在学校的表现，建议家长去医院咨询，可家长不配合，没办法我就上网查资料，其中有一条说，要放松他的情绪。我就想，如果给他一个让他觉得很开心的环境，他应该就不会那么紧张了。我先是在他不在场的情况下，动员大家跟他多接触、多玩，多关心他，也告诫调皮的学生不要捉弄他。然后，我找了个机会，当着全班的面问他："黄同学，能不能帮老师一个忙呀？" "什么忙？"他问。"你看，现在我们班没有人锁门，不安全，大家都觉得你做事特别认真，我也觉得你特别有责任心，一定能做好这件事的，老师相信你。"大家也一起给他鼓劲，他腼腆地接下了这个工作，并且干得很认真，我便经常在班里表扬他，还在班上说我最喜欢他这样责任心强的学生。平时，只要见到他，我就会主动打招呼说，"黄同学，早上好呀！""黄同学，明天要下雨，记得带伞哦！""黄同学，今天过得怎样？"刚开始时，他对我的这种表扬和关心很惊讶，会脸红，再后来就习惯了，也开始喜欢和享受这种表扬与关心了。慢慢地，情况有所好转了，到后来，他基本能够和大家顺畅地沟通了，见到我也会叫我老平，电话里也能自如地跟我说话了。现在，他也毕业了，祝愿他越来越好。

爱学生就要教育学生。

"爱"并不意味着放任迁就，而是在此基础上求"严"。首先是"严"中求"理"；其次是"严"中有"情"。只有"理"和"情"相结合，老师才能把对学生的严格要求化作涓涓细流，源源不断地流入学生的心田。最后是"严"而有"方"，就是要把握不同对象的个性特点、心态反应，有针对性地做好工作。比如，我班上的梁同学由于先天因素的影响，班上的同学不愿和他一起玩，有些同学还捉弄他。例如，让他倒垃圾、去小卖部买东西，两个人划拳玩，谁输了就打梁同学一拳。知道这些事情后，我立马找到相关的同学，劈头盖脸地就问他们："如果别人捉弄你，你的心理感受是怎样的？别人瞧不起你，你开心吗？"当我把这两个问题问出来以后，他们都惭愧地低下了头，接着我又趁热打铁地在班里开展了“爱在身边”的班会，让那些认识到错误的同学当面向梁同学赔礼道歉，并要求每个人换位思考“如果你的家人被欺负了，你能开心吗？你应该怎么做?”等问题，同时也组织大家相互写关爱纸条。通过这一活动，我引导学生们关注班上的弱势群体。同学不歧视，老师不放弃，我带头关心，慢慢地，班上嘲笑梁同学的情况不见了，他脸上的笑容也一天比一天灿烂了，全班同学也比以前更团结友爱了。

请更多地给学生奉献爱心，让爱的阳光温暖学生的心灵，让爱的雨露滋润学生的成长。

让每一个学生在关爱中成长

王　晶

学生进入高中以后，身心迅速发展，但是他们的独立、逆反心理也在增强，情感上处于不成熟到成熟的过渡期。在他们的认知中，总觉得自己是大人了，试图摆脱对老师、父母的依赖。老师、家长在他们心目中的权威性也渐渐降低了。他们不再以老师为中心，不再对老师的命令绝对服从，看待问题有了自己的想法，并且在一定程度上还以自我为中心。他们中的很多人经常有情绪不稳、多变、不易控制等表现，有时老师用尽各种招式都无济于事，真的有点“软硬不吃”。他们会渐渐地疏远老师，封闭自己的心灵。职业高中学生与一般普通高中学生相比，他们在内心深处或多或少都有一丝自卑心理（职高生大多为中考未能升入重点、普通高中的初中毕业生）。所以说，职高生的心理是敏感、复杂、特殊的。这在很大程度上给班主任的工作带来一定的难度。为了更好地管理班级，更好地与学生交流沟通，我结合自己的学习与成长经历、职高生的心理特征以及多年班主任工作的实践经验，总结了一些方法与措施，并且取得了一定的成效。

在我班上有一位叫阿勇的学生。去年上半学期，一开始无论我说什么话，他都置若罔闻，上课也从不认真听讲，科任老师因为他没少生气，甚至在我这个班主任上课时，他都不好好听讲，我为此大为光火，当着全班同学的面训斥他，甚至要请家长来、让他写检讨等。表面上他暂时有所好转，但实际上他依然“我行我素”。我想，如果任其这样发展下去，他将会为班级树立一个不好的典型，带坏班风。

在一次与其谈心的过程中，这位学生无意中流露出这样的想法，他说一直以来，所有的老师甚至家长都觉得，不管他怎样做他的表现都会不如别人，老师也从来没有正眼瞧过他，他不过是一个反面教材，可能他自己真的不如别人，只要能拿一张毕业证就可以了。这些无意中流露的话——自己真的不如别人——让我发现了他的自卑。另外，这句话也说明了他有好好表现的愿望。

可是愿望归愿望，长久以来在他身上形成的散漫习气，不是一下子就能改掉的。这时候，作为班主任，我一定要为他创造表现的机会，让他重拾信心。于是，我利用一次班会课，对班上的学生说我对于班干部的委任有个新的尝试，不知道会不会得到大家的支持。所有的学生都很好奇，嚷嚷着要我立刻说出我的新想法（当然也包括上面提到的那位学生）。当我在班上宣布我要让阿勇同学做劳动委员的时候，班上立刻安静了下来。大家都百思不得其解地望着我，当时我在班上没有过多地解释，只是说我相信阿勇同学不会辜负我的信任，也希望大家相信我的眼光。虽然当时大家没说什么，但是肯定是半信半疑的。虽然他一时难以在同学中树立威信、调动起大家的干劲，而且也没有做班干部的经历，但是我知道他想做好。在他的试用期，我多次看到课后班上的同学在劳动时他也在教室（好像是有事才逗留的）。渐渐地我发现不是这样的，原来他是等他们做完之后自己再检查一遍才离开的。针对这种情况，在后来的班干部改选中，我抓住这件事，大力地宣传他工作尽责的精神，为他在班级里树威立信，让同学们认可他做劳动委员，并且时时督促他，找时机多次做他的思想工作。渐渐地，他在集体中找到了自己的位置，同学们看他的眼光也与以前不同了，由原来的不屑变为了钦佩。由此，他自己信心大增，有了把班级卫生工作做得更好的劲头，从中也不断地培养了自己的责任心和工作能力。同时，他也在行为规范方面开始逐步严格要求自己，而且也能完成老师布置的任务了。他自己也在一片鼓励声中，开始要求上进，工作时也渐渐地大胆、自信起来，在学习方面也有了动力，成绩也得到不断的提高。我觉得我抓住了一次好时机，对他进行了有效的帮助和教育，指引他向好的方向发展，在他成长的路上及时地拉了他一把。

美国著名心理学家威廉·詹姆斯研究发现，“人类本性中最深刻的渴求就是受到赞美”。赞美，是成长中的学生心理世界折射出的需要。教育家苏霍姆林斯基也说过，“只有集体和教师首先看到学生优点的地方，学生才能产生上进心”。学生毕竟处于成长期，有着很强的可塑性，我相信只要在他们身上找到突破口，就会让他们向好的方面转变。班主任要花很大精力在对一些成长困难或人格方面有某些缺失的学生的教育上面。对于成长困难的学生，尤其是行为规范表现不佳的学生，单纯的说教和用校规校纪来约束，很多时候会显得苍白而无力，因为这些不能起到内化的作用。要调动学生的积极性，就要善于发现学生身上的闪光点，激发其内在的热情，点燃其心中的明灯。就像上面所述的那位学生一样，他为什么会有那么大的变化呢？用他自己的话说就是：我没有想到班主任会相信我这样一个“劣迹斑斑”的学生，没有嫌弃我，没有放弃我，让我第一次感觉到自己也是有价值的，所以我一定要证明给她看。结果，他真的做到了，也向所有人证明了：他也行！也许，一张污浊的废纸可以捡起来，丢进垃圾桶。可是，对人不能这样做。不管这个学生有多少缺点，作为班主任，我们都要满腔热情地关心他，并且让他感受到班主任老师对每个学生的那份平等的爱，这种爱是广博、无私的，它不分地位高低、富贵贫穷，它需要教师具有“一个也不能少”的胸襟。就像我提到的这位学生，要改变他不是一件容易的事，因为习惯一旦养成，不是一两天就能改变的。他可能随时会遇到困难，经常会表现出不稳定，但他随时也有变化的可能。而这样的学生更希望得到老师的认可，更渴望得到表扬，赞美会激发学生强大的向上动力，增强其自信心。我要帮助他更好地发展，帮助他赢在人生的起点，决不能在他人生的关键时刻放弃他。对于那些成绩优秀的学生，我们要爱得理智和宽广，要激发他们的潜能，促使他们超越自我；对于学业遇到困难的学生，我们要爱得细腻和真挚，要及时发现他们的困难，真心实意地帮助他们。在职业高中，对于更多的需要特殊帮助的问题学生（他们或思想幼稚、偏激，行为偏离正确轨道；或颓废、沮丧，理想缺乏；或不爱学习，沉溺于游戏），我们更不能放弃对他们的教育，要想方设法重树他们的生活信念。要用爱、理解和宽容发现他们的优点，鼓励他们面向未来。要努力让每个学生身上的闪光点发亮，照亮他们人生的轨迹。所以说，师爱是包容——“一个也不能少”。班主任唯有无私地付出爱与真诚，班集体这棵大树才能枝繁叶茂、茁壮成长。

“呵护”学生的心灵

梁秀峰

这是一个特殊的班级。说它特殊，是因为它是临时组建的，由不同班级有升学愿望但基础又不太扎实的学生组成；说它特殊，也因为它全部由机械加工专业学生组成，仅有一位女生，其他全是男生；说它特殊，还因为进入这个班级就有一个特殊的任务，即考大学。

担任自招 091 班的班主任，我觉得我充满了快乐，因为学生充满活力、富有朝气。也正因为学生太过于朝气蓬勃、活力十足，也给我添了不少的麻烦。我在与每位学生的接触过程中，真是五味杂陈、感慨万千。班上的 43 位同学性格迥异，有的喜欢运动，有的很“宅”；有的爱迟到，有的爱闹事；有的爱学习，有的爱动漫。总之，用古灵精怪来形容他们一点也不为过。

就在这样一群男孩子当中，一位女班主任和一位女班长管理着他们。所幸的是，男孩子总是大大咧咧、不拘小节，对女性大多时候能够理解与关怀。为了带好这个班，为了让学生们都顺利考上大学，我想方设法调动他们的学习积极性，协调他们与科任老师之间的关系，指导他们找到适合自己的学习方法。在这一年的相处中，我跟这群孩子建立起了十分深厚的感情。

在这个班上，有一位很特别的学生：他有一个响当当的、在香港富豪榜上排名前三位的企业家的名字。由于他的名字很“特别”，所以在进入这个班的第一天，他就成了班级“首富”，也成为其他学生开玩笑的对象。

他是个很聪明、很可爱又很有想法和抱负的学生，他来自台山。在这个班组建前，原来的班主任对我说，这个学生比较差、比较懒散，上课经常睡觉，而且屡教不改。因此，新班级组建后，我就对他特别关注，发现他确实有那么点调皮。一开始，他话不多，却总能一鸣惊人。他看问题的角度往往跟其他同学不同，分析问题也比其他同学更加深入。

从他的周记里，我能看出他很纯朴可爱。他有几件比较新潮的衣服和一双这里的学生极少穿的马丁靴。每次他穿着这些衣服进入教室，班里的同学就会笑，他会用一种冷漠的眼神扫视一下，然后走到自己的座位上，对其他同学的嘲笑置之不理。其实，他非常敏感，只是他觉得用沉默应付，会显得更强大一些。后来，我了解到他很喜欢服装设计，每年寒暑假他都会跟朋友一起去卖服装，自己也学一些服装设计方面的知识。平时，我有事没事就跟他聊几句，在周记里也常常会跟他聊很多。我了解到，他的理想是当服装设计师或者开服装店。为了实现梦想，他每个假期都会去打工赚钱。他家里不像那位香港富翁那样富有，相反，他连交学费都存在困难，每学期的学费都得靠自己打工去赚取。他曾经想退出自招班以便减轻家里的负担，可原班主任坚持不让他回去，无奈之下他只好继续待在自招班。

为了不伤害他敏感的心灵，我平时很少在教学区找他聊天，我怕这样会触及他内心深处的自卑感。我更多地借助周记与他进行交流。他常常在周记里写出自己的内心感受，我觉得那是他对我的信任，所以他的周记我每次都会认认真真地阅读，经过深入思考后才写评语。我鼓励他坚持自己的梦想，人有梦想才会有追求、才会有动力，没有必要在意别人的嘲笑，坚持做正确的事，那就是成功！

将近一年的交流，让他对我这个班主任更加信任与支持，他在周记里说出了很多心中真实的想法。我想，这是班主任最值得开心的事！

在高考体检时，他的体检结果出了一些问题。那时我才知道，他以前患过肺结核，休学治疗了半年多才治好。要不是因为这样，以他的成绩是不会来到职校的。他本以为这件事过去了，以后不会再被提起，也不会有人知道他得过这种病，没想到体检却出了问题。体检结果出来后，他灰心、失望、难过！我知道那些日子他真的很想哭，可在别人面前他总装作若无其事的样子，企图以此来掩饰内心的痛苦。为了帮助他，我详细询问了医生解决这个问题的办法，并亲自带他跑了几趟医院，最后总算把问题解决了。他顺利地参加了高考，并且以第七名的好成绩被报读的高职院校录取。

在他失望、难过的那段时间，我没有直接提起他生病的事，因为我知道他不想让其他同学知道他生过病。他的病虽然治愈了，可由于那是一种传染病，他害怕别人用异样的目光去看他，害怕失去学习的机会。所以我尊重他，也尽自己的努力帮助他、保护他。由于他的父母在外地，平时我就是他在顺德的妈妈，我就像对待自己的孩子一样，带他上医院检查，询问医生的意见，妥善地解决了问题。在拿到医院的治愈证明时，他露出了开心的微笑。

从他身上我认识到：只要用心对待学生，学生再冰冷的心也能被融化。当学生感受到老师的爱与老师的好，他就不会违纪，就能配合你的教育与教学，并且行为、习惯也会转好。同时，学生的感恩意识也能得到培养，说不定在以后的教育工作中，这样的学生还会成为老师的得力助手。

爱，其实很简单

罗小梅

成为一名教师是我的理想，如今教书育人已经有十二载了。记得一位名人说过，“一个人从事着他喜欢的工作，是一件非常美妙的事情”。虽然班主任工作繁重而琐碎，但由于我深深地热爱着教师这一职业，所以一直以来，我都以饱满的热情和高度的责任心投入到我的班级管理工作中去。都说班主任苦、班主任累，的确如此，但我却想说苦中也有乐，因为只有当了班主任，才能真正地走进学生的心灵，了解学生的想法、行为。班主任的快乐源于学生的快乐，看到学生获得进步与成长，我们总是发自内心地感到欣慰与幸福！

“捧着一颗心来，不带半根草去”，作为班主任，热爱教育事业、忠诚于教育事业，是做好班主任工作的前提。我深深地热爱着教师这一职业，同时也意识到班主任所肩负的教书育人的神圣职责，这就更促使我将全部精力投入到班级管理工作中去。“爱的力量是无穷的”，对学生我总是以爱为桥，倾心教育，把爱像阳光一样洒满每一个学生的心田，同时师生间也建立了和谐融洽的关系。在学校，班主任与学生接触的时间是最多的，班主任的行为举止无不给学生带来或大或小的影响。因此，本人也很注重提高自己的师德修养，努力做学生的楷模，让学生在不知不觉中受到良好教养的熏陶。记得刚接手会计 092 班时，我的压力陡增，因为当时我刚做母亲不久，压力很大，又接到一个新班，所以内心还是有点忐忑不安的，看到课堂里黑压压的一大片学生，心想一定要把工作做好，尽我所有的能力把学生教育好。

第一天新生在课室集中的时候，我刚发言没多久，一个“桀骜不驯”的女生在班门上敲了几下，我笑脸相迎，可她居然像没看见我一样，绷着脸径直朝座位走去，门外她的父母忙着帮她张罗住宿的事，我心里“咯噔”了一下，心想我班里应该是来了个“刺头”，我得有一定的思想准备。后面的事实证明，她确实“花样”迭出。

一天晚修的时候，班长告诉我，她没有来晚修，我便去找她。原来，她跟别班的男生去阶梯教室看电影了，出来的时候，举止还比较亲密。我叫住了她，质问她为什么不按要求去上晚修，她却夸张地笑着，一副无所谓的样子。我知道，话说不到她心里去，怎样沟通都是无效的，所以我只强调了一下要求，便叮嘱她回宿舍休息。

接下来，一系列的违纪违规，如早恋、偷盗等不良行为都与她紧密相关，我曾多次与其家长及本人沟通，却没有得到好的教育效果。有一天，刚做完早操，有个学生突然跑来办公室找我，说她的胃很疼，现在在校医室。我连忙跑去看她，她的整张脸惨白，捂着肚子，额头上还在流汗。我知道她一定很痛苦，于是带她到医院看医生。医生说是胃炎，可能吃了坏东西。服完药后，她好些了，我想趁这个机会和她来个亲密交谈，她看在我刚才跑上跑下的份上，也觉得我这人还不错，于是便打开了话匣子。原来她的身世还挺苦，出生八个月，她父亲就有了外遇，好强的母亲离婚后独自带着她工作。因为要工作，母亲将她托付给年迈的外婆。她与母亲的交流很少，而母亲对她的教育也总是非常随性和粗暴。缺少关爱的她为了能让母亲多关心自己，就经常在学校做出早恋以及小偷小摸等不良行为，目的就是让母亲因为她出现的问题，对她进行教育，这样母亲就可以陪陪她了。针对这种情况，我反思自己的教育，认为教育不能只是停留在表面上，看似简单的事情的发生，实质上都有其发生的背景，教育应该触及到事情背后的实质。随后，我正面地对她进行人生观、价值观的教育。我启发她要认识到每一个行为的道德价值，明辨是非、识善恶、辨美丑，跟她谈青少年要有自己的理想和目标，并告诉她若和那些人长期接触，既荒废了学业，又沾染上了恶习，今后拿什么参与社会的竞争？那样做，既毁了自己，又给班级带来了危害，更伤了母亲的心，是万万不可取的。人的一生是短暂的，但时间对每个人都是公平的，每个人都应该珍惜青春、珍爱自己。我告诉她生命的价值，告诉她要抓紧时间学习，不断地丰富自己、充实自己。除此之外，我还与她的母亲多次谈话，帮她分析青少年的心理，鼓励她有针对性地和她进行情感交流。在校期间，我也根据她好表现的特点，鼓励她多参加学校及班级组织的各项活动，例如两操评分员、礼仪队、义工队、十佳歌手比赛等。对她取得的一点点进步，我及时进行表扬、鼓励，虽然她时有反复，但我仍然坚持对她的教育。在配合街道办的人口普查工作中，她得到了领导的高度认可，最后她成功地进入升大班学习，并取得较大的进步。她的信心增强了，违纪也少了。对她的教育，本人还经常与她的家长联系，及时向家长反映她在校的表现，建立起“家庭—学校”结合的德育教育网络。

“精诚所至，金石为开”，在我循循善诱的教育和耐心诚恳的感化下，这位女生渐渐理解了老师与家长的良苦用心，努力与自己的那些不良习惯做斗争，而且尊敬老师、团结同学、学习努力，成绩不断取得进步。在高二的下学期，她进入了升大班学习，后来还顺利考取了大学。

用爱与责任为“自闭”男孩撑起一片天空

金显凤

学期伊始，我接手了综合班，这个班将来自三个不同班级的学生聚集在一起，班级的融合给我的管理带来了一定的困难，想把三个来自不同班级的学生捏合成一个集体，确实不是一件容易的事。

在班级的融合过程中，一位吴姓同学格外让我注意。首先他的性格有点自闭，很少和同学交流，更不用说承担班里的工作了；其次，吴同学的性格还有点叛逆，不愿意遵守学校的规章制度，一开学就经常迟到、早退。而且每当我找他谈话的时候，他都是一言不发、不理不睬。

后来我就向其他同学了解情况，同学们都说他“自闭”。吴同学在原班就是一个单独的个体，在原班也是什么都不做，清洁、两操、任何大型活动都像跟他无关一样。也就是说，他根本就没有集体意识，只生活在自己的世界里。同时我又及时地和家长沟通了解情况，发现原来他的家庭条件特别好，姐姐在湖南一所重点大学读书，他家人平时对他特别溺爱，同时对他的期望值也特别高。于是我就准备找一个恰当的时机和他沟通。后来，这个契机终于来了。

学校要求学生理发，整理仪容仪表。结果吴同学却迟迟不剪，最后我就说如果他再不剪好头发，就上报到德育处。我想通过这句话来看一下他的反应，结果他口头答应了。我很开心，说明这个学生并不是无药可救的。但第二天早上当我走进教室时，顿时火冒三丈，因为吴同学确实理发了，但他却剪了一个十分奇怪的发型。当时我就把他叫到教室外面，问他为什么要这样做。结果他回了我一句："老师，你是故意针对我的。"我当时感到很惊讶，同时又有点委屈。然后我就问他："你为什么这样说?"他的回答更令我吃惊。"因为你总会叫到我的名字，我不喜欢别人管我。"这一次吴同学终于对我敞开了心扉。通过谈话，我了解到他并不是一个自闭的学生，而是一个从小在父母的宠爱和与姐姐的比较下成长起来的男孩。他觉得自己事事不如姐姐，索性就破罐破摔，不让别人管他。同时，我也让他明白了老师是在关注他而并不是在针对他，是想通过这种关注来改变他现在的状况，老师不想让他就此颓废下去，不想让他完全脱离集体、脱离社会，否则他将来怎么能够在社会上生存?

通过这次谈话，他对我有了一定的信任感，能够做到尽量少迟到和按时做好清洁。但他对班级的活动还是有点抗拒。但很快，学校的广播操比赛改变了他的想法。一开始他做好了不参加的准备，因为我要求全班学生穿长袖运动服，而他却故意穿了短袖来。他以为我一定会生气，但相反，我心平气和地给他借了一件长袖运动服。他很不好意思地穿上了运动服，也许是由于愧疚，他的广播操做得比平时都要好。借着这个机会，我在班里及时地表扬了他，这使他对自己有了信心。紧接着学校举行文艺会演，我就鼓励他去台上展示自己，刚开始他有点放不开，但在我和同学们的鼓励下，仅仅两天的排练他就跳出了自己的风采。在台上，他充满了自信，让认识他的老师和同学都有点不敢相信，但吴同学确实做到了。有了这次成功的尝试，他不再"自闭"、不再叛逆，也不再觉得自己一无是处了。他终于学会了相信老师、相信同学，也再一次感受到了集体和爱的力量。

由于在文艺会演上的出色表现，他成功地被学校的舞蹈队录取了。在舞蹈队的训练中他积极努力，严格遵守老师的纪律要求，每一次的排练都很出色，舞蹈老师的肯定和赞扬使一个"自闭"的学生找到了自信和自我，从此吴同学无论做任何事，都很积极主动，当然也包括学习。摆脱了以前的逃课、迟到、睡觉等状况，他的学习成绩自然也有了明显的进步。他不再是班级的最后一名。通过努力，他成功入围了升大班的考试。在通过考试成为一名合格的升大班学生后，他又积极地为自己的大学梦而努力。最值得高兴的是，由于他出色的表现，他代表学校参加了广东省的中学生舞蹈大赛，而且还荣获了中学组的金奖。这些变化令他变得自信起来，使同学们对其刮目相看，令父母感到开心，而尤其令我这个班主任感到欣慰和自豪。最令我感动的是，他已经学会如何审视和评价自己了。他在周记里这样写道："在这个班虽然我的成绩还并不是特别理想，但最重要的是我在这里学会了如何做人，我觉得这对我来说是最重要的。我会永远记住老师的嘱托和期盼，是您的关爱与责任感激励了我、培养了我、塑造了我，使我不断地成长。我会在以后的人生道路上继续努力和拼搏的。"

作为一名职业中学的班主任，教育的责任重大，道路艰难，但是我觉得教育并不是牺牲，因为在这个过程中我也不断体验着教育的快乐和成就感。教育不仅仅是爱的付出和责任的体现，更是奇迹的创造；教师的一生也许成就不了什么惊天动地的伟业，但我们在一次谈话、一个眼神、一个微笑中，一点一滴地教学生如何做人。最后我发出号召：希望每一个老师都能多关心我们的学生，只有我们付出爱的教育，才会收获美好的回忆。我相信，如果每个老师都能把自己无私的爱奉献给我们的学生，最终我们的爱和责任将会撑起教育的一片蓝天！

爱在心中

邱丽燕

“为什么我的眼里常含泪水，因为我对这土地爱得深沉。”我想把这句话改成“为什么我的眼里常含泪水，因为我对我的学生爱得深沉”。事实也的确如此，我是个年轻的班主任，这个“年轻”并不是指年龄小，而是指班主任工作经验少。从这个学期接任班主任到目前为止，我的班主任工作经验才2个月。在这60个日日夜夜里，我的生活也跟这42个学生紧紧地连在了一起。听到那些贫困生讲述他们家庭情况的时候，我流下了同情的泪水；看到学生能够主动认识到错误并哭着跟我说“老师对不起”的时候，我流下了欣慰的泪水；在台下欣赏学生们精彩表演的时候，我流下了幸福的泪水。

前段时间发生的一件事给我留下了深刻的印象，我想对我的学生来说也是这样。三月某天上午十点钟，我接到了教务处张老师的电话，她说前一天晚上我们班的晚修纪律很差，还有人把门反锁了不让晚修老师进去。我听后大吃一惊，居然有如此放肆的行为！胸中的怒火马上冒起三丈高。这时，我的帮教老师在旁边开导我：“不要着急，找晚修老师和学生问问情况，两边都了解一下再说，先不要发火。”深呼吸几次之后，我终于平静了下来，开始调查了解相关情况并且想好了对策。放学后，我把那天晚上上晚修的学生都留了下来，我问：“是谁锁的门?”锁门的同学马上站了起来，这完全出乎了我的意料，原先准备的“严刑拷打、威逼利诱”看来都是徒劳的了。对此，我马上对她进行了肯定。听完她的讲述，我才了解到原来她是要整理衣服所以才锁了门，又一时忘记打开以致造成了不必要的误会。我让她亲自到张老师那里进行解释。剩下的学生，我又问他们是谁在吵，问了很久都没有人回答，我只得按计划进行：那天晚上所有上晚修的学生每人扣三分，去操场跑五圈。由于我个人管理不当，也罚跑五圈。五圈跑下来，十几个学生中哭了三个，他们泣不成声地跟我说："老师，你对我们这么好，而我们却让你失望，让你受连累，我们对不起你。"说得我的眼泪也忍不住地流了下来。晚修时我又去班里，一群学生突然走到讲台旁站在我面前，我正纳闷他们想干什么，只见他们一个个都红肿着眼睛哭着跟我说："老师，对不起。"我的泪水再一次控制不住，夺眶而出。我亲爱的学生们，你们都是好样的，老师原谅你们了，你们能主动认识到自己的错误我已经很开心了，我已经看到了你们美好的明天。

我爱我的每一个学生，不管是乖巧伶俐的还是调皮捣蛋的，我都把他们当作我的弟弟、妹妹或者我的孩子。这件事情之后，我也想了很久，为什么在我对他们进行惩罚之后他们没有任何抵触情绪，反倒能够主动来认错呢？可能是因为我平时对他们的关爱吧：他们脚扭伤时我会送去红花油；他们感冒发烧时，我会去宿舍探望，给他们端茶送水；他们过生日时，我会送上个人准备的一点儿小礼物，会让全班同学一起唱生日歌，让他们每一个人虽然远离父母却能感受到集体的温暖，感受到老师的关怀……"爱"的力量到了发生事情的时候便起了作用，他们会感到惭愧，会觉得很对不起我。如果我平时不管不问，到了那种时候就大发雷霆，不分青红皂白地去批评他们，我想结果完全不会是这样。

我相信爱可以创造奇迹，因为爱在心中，我和我的学生永远不分离。

给“丑小鸭”腾飞的机会

陈丽鸣

爱自己孩子的人是普通人，爱别人孩子的人是好人，爱别人不爱的孩子才是教师的最高境界。从教十三年，在我身边总有这样的孩子，他们不怎么听老师和家长的话，思想过于偏激，也不受同学的欢迎，在班上总是被忽视、冷落，导致他们的行为越发不合群，成绩也越来越差。这部分同学就是需要我们帮助的“丑小鸭”。

我记得在我所教的会计班中有一位姓黄的女同学，她语言偏激、不讲卫生，各科作业完成的质量都很差，因此，班上的同学都不喜欢她，从而使她有了自卑、敏感的心理。她很容易冲动，在课堂上遇到一些小问题她就和老师顶撞，很多老师都对她束手无策。当时我是她们的副班主任，教她们基础会计这门课，主管她们的卫生工作，于是我也就成了她的帮教老师。

对于她的这种状况，我觉得常规的批评、谈话、表扬教育对她来说作用已经不大，关键就是要帮助她找回自信心，让她认识到她在班级和家里的价值，而不是像一条寄生虫一样依附在其中。于是，我采取了以下的措施。

首先，了解她形成这种性格的原因。我所做的第一件事就是到她的家里家访。当时是她带着我去她家家访的。她的邻居看见我去她家家访就大声地对她说：“阿霞，你肯定又做错什么了吧？老师又来家访了？”我当时就很大声地对她的邻居说：“不是的，阿霞是个不错的孩子，我只是循例来家访一下而已。”当时我就看到她很感激地望着我。随后，当我要进去她家的时候，她的爸爸匆匆忙忙地往外走，后来经过我的了解才知道，当时她爸爸约了人赶着打麻将去了。通过家访，我很明显地感觉到她家人对她的教育是欠缺的。

其次，我与她的家人保持联系。了解了她的家庭情况后，我就在学校仔细观察她，发现她也有做得好的地方。比如说，她认真做值日了，上课的时候没有开小差，作业完成的质量也有提高。一点一滴的好事，我都向她的家里人汇报，并且报喜不报忧。我也恳切地希望她的家人能够在家里多多地表扬她，从而慢慢巩固她已经取得的进步。

之后，我与班上的班干部一起商量帮助她。我召集了班上的一些班干部，和他们开了一个会，希望他们也能帮助黄同学一把，各位班干部也都爽快地答应了。我给她每个主科都配备了一个“小助手”，当她听不明白的时候，她可以去问她的“小助手”，我也要求班干部给予她热情的帮助；课后还要求“小助手”监督她作业的完成情况。基础会计这门课就由我来亲自辅导。经过一段时间后，她的成绩有了明显的进步，在一次基础会计测验中，她得了 90 多分，当她出来领卷子的时候，我看见她的头昂得高高的。

最后，我安排她做我的科代表。在她成绩取得进步之后，我就和她商量，能不能和我一起把班级的基础会计抓起来，因为基础会计是一门考证的科目，很重要。她主动说：“老师，要不我做这科的科代表吧。”我说：“行啊，你就试试呗！”在她当科代表的这段时间，她每天 7:30 分准时到校，督促同学们进行早读，课间还安排抽查。在她的带动下，班级的学习气氛变得很浓。很多同学也开始慢慢地接受她，不再排挤她了。

在会计上岗考证中，全班通过的有 10 多人，而黄同学就是其中的一个。通过对黄同学的帮助，我也在反思，只要我们对后进生给予爱护、尊重和采取适当的方法，他们总会有所进步；只要给他们腾飞的机会，他们会慢慢飞起来的……

春风化雨　润物无声

陈　刚

人们都说教师是太阳下最光辉的职业，教师总能给予学生阳光般的温暖。对于好的学生，老师可以和颜悦色，但对于那些桀骜不驯、喜欢顶嘴的学生，老师又该以怎样的态度来给予他们温暖呢？

在高一刚分好班的第一节专业课上，我让学生在黑板上根据我前面讲过的知识把规范五角星画出来。很多学生在我要“点将”的时候都把脑袋压得低低的，生怕我看到他们的脸，也有几个抬着头的，意思是说我能行。但其中有一个很特别，他左顾右盼，脸上总是带着坏坏的笑容，非常显眼。从讲台望过去，他的练习本上好像画了些图。于是我便点了他的名字，请他在黑板上用规范的画法画出五角星。他皱了皱眉，但并没有站起来，于是我又点了一次他的名，请他到黑板上来做题。这时，他才不情愿地站了起来，但他并没有来到黑板前，只是在座位上说了一句：“老师，我不想上去。”“为什么？你不是已经在作业本上完成了这一题吗？那就给其他同学展示一下。”我鼓励他。但是他仍旧扭扭捏捏地说：“老师，不要嘛！我不要上黑板。”近乎撒娇的话语不停地从他嘴中说出来。“男子汉一个，今天怎么像一个女人一样，快点上来！”我大声地说。终于，他挪到了黑板前，拿好工具开始画图。我放下心来，走下讲台开始观察其他学生的完成情况，忽见有人看着黑板偷笑。我转过身去，发现他画的根本不是五角星，倒像是一个动画图片中的小公仔。我有点生气地对他说：“擦掉重新画。”他听后，眉头皱得更紧了，装出一副可怜的样子，示意我他只能画成这样。于是我鼓励他："你能画出来的，老师刚才看你上课很认真，给大家展示一下嘛！"在我的催促下，他又重新拿起了圆规。正当我欣慰的时候，他却做出了一件令我火冒三丈的事情。他用粉笔随手画了一个歪歪扭扭的圆，然后从中间直接连线，画出了一个六角星。于是我的声音更大了："你怎么回事，机械制图最基本的守则就是画图一定要用绘图工具，你连个圆都不会画，怎么学制图？擦掉再重新画！"估计他也火了，说："我就是画不好，不画了。"这家伙当着全班的面和我顶嘴，我顿时火冒三丈："你这是什么态度啊？不求上进！"他把绘图工具往地上一扔，说："我就是画不好，不画了，怎么样?!"然后转身走回自己的座位。这时候我也冷静了下来，说："这是处在叛逆期的阿峰呢，还是真实的阿峰呢?""真实的！"他大叫，还用挑衅的目光盯着我。这时教室里静悄悄的，我知道，全班同学都在静静地等着看老师和学生的吵架。

此时我已完全冷静了下来。我想我这个时候不能再和他这样下去了。无论谁对谁错，为了正常的教学秩序和今后的师生关系，我应该退一步。这时我突然灵机一动，从裤袋中拿出手机，对准黑板，"咔嚓"一声拍了张相片。"我要把这个真实的阿峰永远留在我的记忆中。"我平静地说道。这时，教室里依旧鸦雀无声。我用余光瞥到一张张略带诧异的脸，也包括他的。我没有让他们有过多的时间去回想刚才那件事，我迅速把书本打开说："我们接着看下一个题目。"那节课，他再也没出过声。

因为我是他们班的班主任，可以说与他们朝夕相伴。在接下来的日子里，他看我的目光有些畏缩，而我则像没发生过任何事一样，依旧平静地跟他打招呼。虽然当时我并不明白他为什么那样倔强，甚至不讲理。但我知道，从那节课后他的变化很大，不再那样倔强和不讲理了。闲暇的时候我也想过，也许对他而言，那是难忘的一节课，是让他真实地体会到老师内心的一节课，但是对我而言又何尝不是呢？

其实在教育中，有许多的未知需要我们去探究。热爱学生是教师基本的美德，是教育教学工作的基本前提。"亲其师、信其道"，你只有用阳光的心态来面对学生，他们才能真正地感受到你对他们的爱，等他们内心充满了你带给他们的阳光之时，他们的叛逆与桀骜不驯也就没有了立足之地。

他这样走出“失恋”的阴影

张玉凤

我担任班主任的班级是重新组建的自招班，全班共 48 名学生，男生 32 名，女生 16 名。组班不到一个月，我就发现男生小林和本班的一个学习比较好的女生小薇走得比较近。直觉告诉我，他喜欢这个女生。后来，我发现他们真的走得越来越近了。我私下里了解到，在小薇很小的时候父母离异了，母亲带着她再婚，婚后又生了一个男孩。小薇从小没有得到过父爱，性格比较内向，但学习比较好。而此时小林的关心体贴让小薇感受到了久违的“亲情”，于是她就更加依恋小林了。

在这期间，我做了大量的教育工作，也与家长进行了沟通，他们的关系也能够保持一定的距离了。但是到了三月份（他们两个不在一个班了），我突然发现小林的情绪不对，整天萎靡不振的，上课睡觉，还经常迟到，也不和同学来往。一开始，我找他了解情况时，他表现得很“轻松”，告诉我没有发生任何事。我信以为真，便针对他近期的表现进行了常规教育。之后，我发现他仍然是老样子，而且也看到他没有和小薇在一起，于是我怀疑他们可能“分手”了。

我想如果我再问他们是否分手了，他一定不会告诉我，所以我换了一种方式与他谈话，我直截了当地说：“怎么这么点事就扛不住了，我看小薇的精神状态仍然很好，你就被打趴下了？”他一脸茫然地看着我说：“老师，你都知道了？”我暗自高兴地说：“我早就知道了，上次跟你谈话就想跟你挑明，只是不想让你尴尬才没有说，老师希望你能从中吸取教训，振作起来，努力学习，争取考到理想的大学。可是你却还是整天不好好学习，成绩越来越差，表现也越来越差，所以我才不得不挑明。”他听后感到很意外和感动——原来老师给自己留了面子。

我又和他进行了一次长达一个小时的谈话，给他举了许多正反面的例子，鼓励他不要因为这些本不该发生的事影响了自己的前途，帮助他从无谓的痛苦中走出来。他也保证以后会好好学习，忘记一切，振作精神，用学习填补内心的空虚。

时间一天天地过去了，他坚持了不到一个星期就又开始回到之前的状态。因为从他们分手到他想努力学习有近一个多月的时间，这段时间基本上被他给浪费了，很多课程也被他给耽误了。虽说他下决心要努力学习，但困难很大，耽误的课程一时也赶不上，和其他同学的距离越拉越大，月考、模拟考的成绩滑到了年级最后几名，甚至最后一名。

我开始焦虑起来，怎样才能让他摆脱现在这种状态，从失恋阴影中走出来？怎样才能让他放下包袱，轻松学习，在最后的关键时刻不要被淘汰？

我找到班里几个表现好的同学，让他们有意无意地接近他，让学习好的帮助他学习，让几个性格开朗的男生和他玩、下课跟他聊天、放学跟他打球，用他们阳光的个性影响他。通过这些，让他感受青春的活力，让他知道所谓的“失恋”完全是自作自受，是自己不服从学校的规章制度所付出的代价。看着那些无忧无虑的同学们享受着青春的快乐，分享着同学间的友谊，享受着无忧无虑的生活和学习，他终于“开窍”了，渐渐地，他开始朝着高考备考方向努力。

可是高考即将来临，以他这样的状态，高考肯定会失败。我想我的教育方式需要改变了。于是，我在班里号召全班同学对待“学困生”要尽力帮助，对他们不离不弃，不让一个同学掉队。同时，我也再一次找到他了解情况，他也很真诚地告诉我，每当他想静下心来学习时，眼前总是浮现出小薇，浮现出他们在一起时的一切事情，虽然他坐在这里学习，其实根本就学不进去，他打算放弃高考了。听他这样讲，我的内心也满是痛苦，早恋真的很有害，怎么办呢？如果还用以前的道理说教，那只会毫无作用，其实那些道理他也懂。我思考片刻，决定用激将法迫使他放弃想她的念头，将对她的思念换做对她的“恨”，以便激励他努力学习。于是，我对他说：“小林，老师很瞧不起你。第一，作为中学生本不应该谈恋爱，而你已经违反了学校的规章制度，现在你们分手了，从表面上看好像失恋很痛苦，但事实上是你们做了正确的决定，改正了错误，迷途知返，有什么好痛苦的呢？第二，你分手后的表现简直就是一个懦夫，整天失魂落魄的，摆出一副可怜兮兮的样子，学习一塌糊涂，考试成绩年级倒数第一，你这样做给谁看啊？是不是想让她知道是因为她你才变成了这个样子，以唤起她的“良知”，博得她的同情，重新跟你和好？你知道吗？女孩子根本就看不起没有出息的男孩。经不住一点小事的打击，遇到困难就颓废，没人会看得起。第三，你人生的路还很长，这个本不应该有的挫折不能让你失去生活和学习的勇气，你更不能像个懦夫一样整天一副可怜兮兮的样子，哭丧着脸需要人来安慰。你要自强，要发奋，要用事实证明你是个知错就改、拿得起放得下的男子汉。表现要比以前更好，学习也要比以前更好，要给她看看，要做给所有爱你的人、关心你的人看。以前你们谈恋爱是不正确的行为，现在的分手是明智的选择，是解脱，是改正错误的具体表现。”

我当时说话的语气很激烈，没有给他解释和说明的机会，他只有认真听、认真思考。最后，我说：“小林，如果你还认为你是个好男儿，你就立即放弃一切杂念，全身心投入到高考备考中，考出好成绩，向所有人证明你是最强的，你是能够战胜困难和挫折的，让老师、同学、家长都为你高兴，路是自己走的，何去何从、做何打算，随便你了。”说完，我就扭头走了，留下他自己去独自思考。

这一招很灵，他在周记中这样写道：“老师，你是我遇到的对我最关心的老师，虽然你说的话有点重，但我知道你是为我好，是真的关心我，你做我的干妈好吗?”我给他的回复是:“我不想要一个没有出息、遇到点困难就被打倒的儿子。我要的是一个能拿得起、放得下的坚强男子汉。”

离高考还有二十几天时，我看到他比任何时候都勤奋，精神状态也好了很多，还经常看到他向其他同学请教问题，我感到无比的欣慰。最终，他考入了自己理想的大学。杜威说，“教育即生长”。生长的树有的美丽，有的稚拙；生长的路有坦途，也会有曲折。在他们的成长过程中，老师只要用心引导他们去实现美好的愿望，也许他们就会创造出不一样的奇迹。

汪洋中的一盏明灯

李晓萌

一盏灯，如果放在谷底，只能照亮很小的一片地方，但如果放在灯塔上，就能照亮一片海洋。从事教学这些年，我真正感受到，如果只是把教师当作一种职业，那将只是传道授业而已，如果把它当作一种人生追求，那将是一盏置于灯塔上的明灯，会照亮一片“海洋”。当我第一次站在讲台上，成为一名光荣的教师时，我发现讲台下不只是几十双充满求知欲的眼睛，更是一片需要用爱的灯火来照亮的“海洋”。我所教的学生，有的因为缺乏关爱而自暴自弃；有的因为父母不和而性格怪异；有的因为受过伤害而丧失了自尊心、自信心。面对他们，我不抛弃、不放弃，运用情感教育走进他们的心灵世界。这句话说起来容易，但做起来很难。这些学生由于长期被责备、批评，已经很抵触老师，甚至极度不尊重老师，但我每次都用博大的爱去包容他们。每当他们有小小的进步时，我都会感到极大的安慰；每当他们走向领奖台时，我都充满了自豪；每当看到他们站在一起照毕业照时，我心中都有无限感慨。这个过程只有我自己知道有多艰辛。我暗暗下了决心：一定要做一名好老师，用一颗充满爱的心去呵护每一位学生；燃烧自己所有的激情，献给我的每一位学生。

从走上教师岗位的第一天起，我所担任班主任的班级多半都是由所谓的“问题”少年组成的，小戴就是这其中的一个。他是一个外地生，刚转到我校时，就因打架受到了处分。跟他的父母了解情况后，我才知道他一直和叔叔生活在一起，缺少父母的关爱。近来，他的情绪越发不稳定，成绩下滑得很厉害。某天下午，我去班里巡堂，发现小戴没来上课。我去宿舍寻找，发现他也不在。我越想越急，立刻带着两位学生骑着单车找遍了伦教的大街小巷。快5点时，天下起了雨，我们没有带雨具，但还是继续寻找，只要是商店我们就拿着他的照片进去问。最后，一位网吧的老板被我们的行为感动了，终于透露了他的行踪。当找到他时，我们全身都在淌水。我立刻把他带回家，吃完饭后就和他谈心，了解到他近期和父母关系恶化，这影响了他的学习情绪，加之又和班里几个同学发生了矛盾，所以心情极度抑郁，于是产生了报复曾经和他有过争执的同学的念头。他把自己身上仅有的500元钱给了社会青年，决定在明天放学后就实施报复行动，然后远走高飞，去找一个谁都不认识自己的地方生活。那晚，我一直和他谈到十点钟，才劝服他放弃报复与辍学的念头。虽然雨水使我的身体很冷，但心里却热乎乎的。在一个星期后的班会课上，我拟定了主题为"一个也不能少"的班会。在班会开始前，我放映了张艺谋导演的同名影片节选。很多同学都被剧中女主人公执着的精神所感动。班会即将结束时，我向全班55个男生许下诺言："请大家和我一起努力，我们班一个也不能少。"班会结束后，他找到我，诚恳地说："老师，我知道您的良苦用心，我会努力的，您放心吧！"曾有老师问我："值得吗？"但当小戴同学以420分的优异成绩通过自主招生理论考试时，我想这是最好的答案。

泰戈尔说，"花的事业是甜蜜的，果的事业是珍贵的"。但我要说，我们不仅是花的事业、果的事业，更是根的事业。没有根，哪来枝繁叶茂的大树；没有根，哪来姹紫嫣红的春天。我们的工作是平凡的，但平凡中孕育着伟大；我们的工作是琐碎的，但琐碎中孕育着执着的追求；我们的工作是清苦的，但清苦中孕育着无限的快乐。我爱我的学生，只要我们倾注全部的感情，献出所有的爱，努力感化他们，不断找寻帮助学生成长的办法，就一定会成为学生心灵海洋中的那盏明灯。

待他化蛹为蝶

简昶开

时间过得真快，一晃又是一个学年过去了，回首过去的这一年，我的身边发生过许多小故事。这些小故事，大家似乎也曾听到过。然而这些小故事不会仅仅是我教育教学过程中的一个个“小插曲”，它们让我与我的学生一起成长。德国教育家第斯多惠在《教师规则》中说道：“我们认为教学的艺术，不在于传授本领，而是在于激励、唤醒、鼓舞。没有兴奋的情绪怎么激励人？没有主动性怎么能唤醒沉睡的人？”事实正是如此，坚信学生一定会成功，学生便会从教师的爱中获得一种信心和力量，情不自禁地投入到学习的过程中，从而迸发出智慧的火花。记得新生报到时，一双双充满好奇的眼睛都在打量着我这个新班主任。在做了简短的自我介绍后，我就提议：“谁来当我们班的班长？”一番沉默和眼神交流后，一只犹犹豫豫的手慢慢地举了起来。我定睛一看，这个人个头不高，卷曲的头发下掩盖着不少青春痘，而最让我吃惊的是他的大拇指和食指之间居然还有没完全褪色的刺青，我心想：“坏了，说出的话收不回了，这学生是不是问题学生呢？”但转念又一想：“既然他敢担当，那先让他做副班长吧。”（为了保留隐私，就叫他小明吧）为了检验这位副班长的能力，课后我特意交代他帮忙整理课室。第二天，课室被整理得井井有条。

在学校领导的引领下，学生的学习、生活很快就进入了正轨，新生在两个星期后就开始军训。有一天，副班长小明一大早就来找我请假，我再三追问原因，他就是不肯说，嘴里还不停地说：“老师，原因我是不能说的，但假我必须得请。”他眼睛里流露出焦躁不安的神情，我觉得奇怪，就安抚他说：“那你告诉我你家长的电话，我好了解情况啊。”与他妈妈通了电话后，他妈妈居然也和我“打起太极”来，就是不说原因。但既然家长都知道情况，我就把这情况与级长说明，还是先批了小明的假。第二个月，小明又要向我请假，情况和上次一样，这下我就更奇怪了，小明平常在班里表现优异，军训成绩优秀，老师交代的任务都能出色完成，为什么呢？可能是经过一个多月的了解，他对我的信任增加了，他这才说出来：原来他在初中的时候，由于年少无知，犯过比较大的错误，被判了社会监守，而手上的刺青，是为了提醒自己不要再犯错。听完后，我强力压制住我的惊讶，虽然这印证了我最开始时内心隐约的不安，但既然这样，我更要带好他了。为了保护他的隐私，我也没有深究他具体犯了什么错，但在日常交流中，我会有意无意地给他讲一些做人的道理，同时也鼓励他积极管理班集体和参与班集体活动。我的想法是：最好的教育，不一定囿于既有的形式。由于这位得力副班长的帮忙，我班在学校的大型活动中表现较好。我班的“7 人双节棍”在全校文艺会演中获二等奖，创意集市“擦擦鞋会”获优秀创意奖。而他个人在期末考试中，成绩排名全班第 9。

有人说过这样的一句话，“老师不经意的一句话，可能会创造一个奇迹；老师不经意的一个眼神，也许会扼杀一个人才”。作为一名老师，应该经常回顾自己以往的教育历程，反思一下自己曾造成了多少个遗憾，遗忘了多少个不该遗忘的角落！作为教师，也许没有能力点燃火种，但绝不能熄灭火种！面对孩子们，要珍惜，更要努力让每一个孩子的心中充满阳光，让每一个孩子在爱的抚慰下快乐成长。

情理与关爱使心理错位让步

李佩雯

在德育工作中，班主任最重要的工作就是教育好学生，教育他们如何遵守纪律、如何端正学习态度、如何争取良好表现……其中，转化后进生工作是不得不提的工作重点。在我担任班主任期间，我曾遇到过一名在思想上存在错位的学生，而他的思想错位是由于受到一个事件的影响而导致的。对于这种存在心理问题的学生，很值得我们去特别地加以关注与关心。以下是我帮教这名学生的经历，我称呼这名学生为小杨同学。

一、深入了解心理错位的成因

小杨同学在读高一的时候，性格活泼、活动积极，但就是不能专心学习，而且对待其他同学的态度也不友好和善，有点傲慢。而自从一个事件发生之后，他彻底变了。在某个晚上，他和几个朋友出去聚会，聚会结束后，他的一位朋友在驾驶摩托车送他回家时发生了严重的车祸，他的朋友由于受伤严重当场死亡，庆幸的是小杨同学抢救及时，脱离了生命危险，但也受到了比较严重的伤害。关于这一事件的来龙去脉，我在这里就省略不说了，但就是这起事故让小杨同学的性格、兴趣、心理都发生了极大的改变。

小杨同学身体康复后便回到了学校，我当时已经发现他的精神状态并不太正常，总有种疲惫的感觉，但他还是坚持要回来学习，而我只能从旁观察，时刻关注他的表现。过了几天，我发现他在课间时经常偷偷地哭泣，并且双眼红肿，这很明显是由于长期睡眠不足所导致的。我决定与他进行事故后的第一次谈心。我在与他沟通时并没有过多地提及这起事故，因为我担心我的言辞不当会引起他更不安的情绪，我就以朋友的语气问他最近上学的情况、能不能赶上课程学习、与同学的关系怎样等问题。他的回答比较敷衍，很明显这些并不是困扰他的问题，最后他主动告诉我他的想法，我听了之后感觉很惊慌，他居然想放弃生命，想借此赎罪。此时我感觉到事态已经非常严重了，小杨同学的心里存在巨大的阴影，而且思想也存在错误，但我还是感觉到他是相信我才跟我提及自己内心的想法的，所以我更坚定了要帮助他的决心。

二、注重观察，悉心关爱

当我深入了解小杨同学的状况后，我主动与他的母亲进行沟通交流。除了电话联系外，我还上门家访，以求达到最好的帮教效果。在与他家长的沟通过程中，我把小杨同学的思想状况告知其父母。他的父母也说他有在他们面前提到过这种想法，所以很担心。我建议其父母在家多与他聊天，了解他的思想动态，对他异常的行为要做出适当的引导和纠正。他的父母也希望在学校的生活、学习能让小杨同学的心情放松一些，希望他把学习当作一种寄托。在与其父母沟通后，我又采取了一些办法去帮助小杨同学。

首先，我把平时与他关系比较好的同学安排为他的同桌，一是可以互相倾诉，二是可以互相帮忙。我特意要求他们要时刻关注小杨同学的生活和学习，尽可能地帮助他、开导他。其次，我一如既往地与小杨同学谈话，了解他的近况，跟他说说生活中的小事，从中灌输生命的重要性和人生价值观念，希望他不要再轻言放弃生命。最后，我与各科任老师沟通，了解他的学习情况，并希望各科任老师能帮忙辅导他，让他感觉到老师们对他的关心，让他不自弃。以上措施实施了一段时间后，我发现他的情绪开始慢慢稳定下来，脸上也逐渐露出了久违的微笑。

三、抓住亮点，多加鼓励

经过一段比较长时间的跟踪教育后，我发现小杨同学在思想状态方面已经有所好转了，虽然他心里的阴影还没有彻底消失，但他心中已经有了一种生存信念，已经有了人生的目标，此时我认为是时候让他在学校中展现亮光了，让他认识到做人做事的原则和态度，让他更能体会到老师和父母的良苦用心。一直以来性格躁动的他现在变得沉稳了许多，说话莽撞的他现在也变得彬彬有礼了。鉴于这些变化，我认为应该给予他提升能力和价值的机会，所以我推荐他担任班干部，希望他能从班级管理工作中提升对自我的认识，并发掘自身优势。在工作期间他认真负责，做事明显比以前有耐心，还经常向我反映情况和提出建议，而且对待别人的态度也没有以前那么嚣张了，对别人的批评也大多能够接受，做事很细心、谨慎。

抓住这一亮点，我又多次推荐他参加各类征文比赛，他的文笔还不错，而他的作文也得到了语文老师的认可，这让他更有信心继续参加各项比赛，而且他还主动报考了相关专业证书，在学习上有很大的进步。他能够为自己的将来奋斗、为未来着想，这是成熟、理智的表现，也说明他已经慢慢走出了阴影，摆脱了阴影对他的束缚，以积极的人生态度面对生活、报答他认为值得感谢的人。

四、情理结合，走向成功

每位同行都明白“动之以情，晓之以理”的道理，但有时这样做并不能顺利地开展教育工作，甚至会起到反作用，所以我认为在教育学生之前先要把自己为人处事的态度摆出来，让学生来评价我们，以此来拉近师生间的距离，来为他们树立榜样。对于小杨同学的教育，只靠谈话聊天、与家长沟通是很难解决他的心理问题的，因为这不是外在行为的问题，而是内心世界的问题，所以在开展教育工作时我特别注意情理结合，因为稍微敏感一点的语句都会触碰到他受伤的心灵，同时也要向他说明做事做人的道理，不能凭空说大话。在教育过程中，我较多地是通过周记的形式来了解学生们的想法，小杨同学在每期的周记上都会写很多内容，把好与不好的事情、想法都写出来，而我也总是在评语处回复满满的内容，目的是让他知道老师批改周记并不是应付了事，而是实实在在地想了解他的现状、解决他的疑惑，让他更愿意与我接近，让他信任我，所以在之后开展的工作都比较顺利。

“精诚所至，金石为开。”看到小杨同学的进步我特别有感触，既感叹班主任工作的不容易，又享受着班主任工作的成就感。学生就是我们的经营对象，我们不仅仅需要关注学生的学习，更需要关注学生的身心健康。人是需要精神意识才能得以正常生活的，对于思想有错位的学生，我们不能撒手不管，而应该尝试用更多不同的方法去帮助他们，让他们走出阴影，从而得到更好的发展。

中编

心雕情琢　以心育心

心雕情琢，静待花开

冀殿琛

小康是我刚当班主任时带的第一届学生，他看上去清秀、斯文，话语不多，性格有点内向，给老师的第一印象就是那种绝对不会让老师操心的学生。但有一天，我班的一名班干部很着急地对我说："老师，小康同学周六、周日基本都是在网吧度过的，甚至有时还偷偷跑出去通宵上网，彻夜不归。"我当时一听，顿时火冒三丈，在我的班级怎么能有这样的学生？怎么能有如此离谱的事情发生？而且，这样离谱的事竟然发生在小康身上。我以最快的速度冲到教室，在众目睽睽之下把小康喊到教室外，毫不留情地狠批了他一顿，小康当时涨红了脸，没有说一句话。随后，我安排了班干部对小康进行暗地监督，也和其家长进行了联系，让家长控制他每个月的生活费。此外，我还经常找小康聊天，给他讲了很多在我看来很有分量的大道理，而小康一直一言不发。在接下来的几周里，据同学反映，小康去网吧的次数有所减少，我暗自窃喜，看来我的教育还是有用的。

学生要考证了，作为班主任兼课任老师的我义不容辞地放弃了自己晚上的休息时间，义务为我班的学生开起了"小灶"，利用晚修时间为他们补课，就在大家每天都忙得不可开交的时候，小康的身影又不见了，我断定小康是去了网吧，于是派几名"得力干将"将小康"绑"了回来。小康的眼睛里充满了对我的厌恶和憎恨，他不再安静地听我说教，竟然甩手而去。接下来的时间，小康更肆无忌惮了，甚至白天都故意旷课去网吧，他开始破罐子破摔了。

我开始反思自己的教育方式，从表面上看，我对小康的管理已经非常严格了，对他也放了很多的狠话，但为什么还不能改变小康呢？我决定从根源上入手，我再次联系了他的家长，而这次并不是告状，而是和他母亲聊了他的成长历程及家庭情况。我得知他父亲是一名矿工，工资虽然不低，但每天都是冒着生命危险去工作的，儿子初中毕业后从湖南到广东读书，父母为了让他有面子，给他提供了尽可能好的物质支持，而小康目前的状态也着实让父母失望。

我认为要从根本上改变小康，还是要打亲情牌。在接下来的日子，我从网络上、书籍上搜集了很多关于矿工工作的资料、视频、新闻，召开了以“生活的艰辛”为主题的系列班会课，在观看一些关于矿工不幸遇难、家人痛不欲生的视频时，很多女孩子都掩面哭泣了，这时我注意到小康的眼里也在闪动着泪花，我知道，这些视频对他来说多多少少都有点触动。随后我又组织了系列主题班会，在每一次班会课上，我都能看到小康的感动及深思，我知道这样的教育对他来说是有效果的。

我拿出了他们在刚入学时写的关于自己三年技校学习、生活的规划及目标，让他们去对比哪些自己做到了，那些是自己没做到的或是相违背的，然后让他们写出感受。记得小康这样写道：“我一定找回当年的自己，老师，请放心，我不会再让你失望了。”在接下来的日子里，他真的做到了。

如今，他们已经毕业几年了，前几天我收到了小康的一条信息，他写道：“老师，我做爸爸了，感谢你当年让我看到了我父母的不易，让我从内心深处得到了震撼，现在我也有了儿子，看到小小的他躺在那儿，我深感责任重大呀，我必须要努力工作……”泪水模糊了双眼，我知道我的“孩子”长大了。

每一个孩子在成长的过程中，总会有一个偏执期，即使工作再难做，作为老师的我们首先想到的都不应该是放弃学生，而是应该多动脑、多想办法，找到适合他们的教育方法，巧妙地帮他们度过这个时期，用心、用情来慢慢地浇灌这株“野草”，用耐心、爱心来等待他们的成长，静待“野草”开花。

沟通从聆听开始

麦兆朗

时光流逝，岁月如梭，不知不觉中我已经在教育这片沃土中走过了六年。这里既有成功的喜悦，也有失败的遗憾，但我最大的感受是充实。班级管理是一项非常琐碎的工作，它不仅需要教师的爱心、耐心与细心，更需要教师的创造精神，有时候还要换位思考，考虑学生的感受。只要你是真心的，学生必定会有所感知，而学生一旦明白了班主任对他们的关心、诚心、爱心，他们对班主任的理解、信任之情便会油然而生。那么，班主任的工作就能较好地开展，从而收到意想不到的效果。

记得一天上午第三节课刚下课，我就接到宿管员的电话，说今天巡查宿舍时，我班的小王同学跟他吵了一架，并且还说了一些“出口脏”，骂得非常难听，他已经叫这位同学写检讨书了，希望班主任处理一下。接完电话后，我非常生气，又是小王！我暗想一定要严肃处理这件事情。班会课时，我走进教室，到小王同学面前问他：“今天的事，检讨书写了没有?”他说：“老师，还没写完呢?”突然我有一种想法，让他到讲台上去当着全班同学的面检讨。想到此，我又对他说：“要到讲台上去检讨!”听到这句话，他脸上一阵红，说：“老师，不会吧?”我就说：“有什么不会啊！就是要上讲台上去说!”我说完就走了。

过了10分钟，我又走进教室，用眼神暗示小王同学上讲台检讨，我本以为他会拒绝，但他还是走上了讲台，并进行了检讨。可是，我突然发现他的检讨讲得也有一定道理，他说下晚自习后，他正在劝说没有按时值日的同学干快点，声音大了一点被管理员听到了，就说他不按时休息，要扣班级量化管理评分。那时他觉得管理员太过分了，就跟管理员争吵起来。他又说，虽然他有错，但是管理员也有不对的地方，动不动就拿扣分来压他们。他认为管理员不尊重学生，因此根本不值得他尊敬。听到这里，台下的同学都笑了，看到这个情景，我突然觉得台下有部分同学是认同他的看法的。我这样做到底是对还是不对？我这样做会不会给他造成心理伤害？

此时，我觉得如何评定这个学生的这一行为非常难。我既不能说他做得不对，又不能完全肯定他做得对。如果说学生做得对，那就会助长这种不好的风气。所以，我就先肯定他说得有道理，管理员有时确实不了解情况，处理得不妥。但是小王同学也有不对的地方，管理员老师也是老师，即使他有不对的地方，我们还是应该尊重他的。最后，我还说，“小王同学让你上讲台来检讨可能会伤害到你的自尊心，在此老师向你道歉”。当天晚上，我收到小王这样的短信：老师，今天我想了好久，发现自己有很多不对的地方，比如和管理员吵架……此刻，我发现他长大了很多。

从这件事中我得到了一些启发，我们作为教师，每次在批评学生之前，一定要先问问自己，事情搞清楚了吗？事实是这样的吗？我批评得有理有据吗？千万不能凭主观想象就草率处理。因为职校学生的心理其实也是稚嫩而脆弱的，一旦受伤了就很不容易愈合。

作为班主任，我们一定要树立正确的学生观，学生都是可以教育、可以塑造的。我们不能感情用事，不能用一成不变的眼光来看学生。难以管理的学生犯了错误，更应该动之以情、晓之以理，让他们虚心接受你的批评，而不是以伤害学生的自尊心为手段，这样更容易激发学生的逆反心理，那样的话班主任工作就更难做了。所以，批评更应就事论事，今天的事就说今天的，把以前的、其他的都抖搂出来说，学生心里会想：我就算改好了，老师也不会忘记我以前犯的错，也不会相信我！这样会很不利于学生改正错误。有时老师由于急躁或一时不冷静会说出一些过火的话，如：你真是咱们班的害群之马，我怎么会遇上你这样的学生！咱们班有了你算是完了！你真是无药可救了，还是回家自学去吧！这些定性的话、消极的断言，会严重伤害学生的自尊心，使他们失去努力改正缺点的勇气和信心，严重抑制学生的主动性。作为教师，只有走进学生的心灵，得到学生在感情上的接纳，才能更好地教育学生。

一个孩子的心智成长

刘文芳

裴斯泰洛齐说：“每一种好的教育都要求用母亲般的眼睛时时刻刻准确无误地从孩子的眼、嘴、额等动作来了解他内心情绪的每一种变化。”在担任班主任工作的两年中，我觉得这句话贯穿了我德育工作的始终，也让我这个女班主任得出一个结论：对待学生要如同对待自己的孩子一样，用一颗母亲的心去呵护他们。

新生入学的第一天，有位同事告诉我：“芳姐，你们班有一颗‘炸弹’！中考我监考的时候他都睡觉，叫都不理。”“他呀，扯谎抽烟爱打架，旷课泡网吧都有他，爸妈老师都不怕。”这句高度概括的话语使我深感这是个难以教育的学生，心里不觉沉甸甸的。

回到办公室，我调阅了他初中时的档案，基本上全部如同事所说。看了一下他的入学成绩，数学3分、英语9分给我留下了深刻印象。尽管来我们学校学习的学生的成绩都不会很理想，但如此低的成绩让我感觉他以后很有可能还会在课堂上睡觉、不认真学习。

第一次进班级教室，我就感受到他的顽劣。第一周要军训，当我刚走进教室，就看到一颗红红的脑袋，那一头金红色的头发特别显眼。正当我跟全班同学讲第一周军训的要求时，坐在座位上的他突然举起手站了起来，大声地说：“老师，你知道肥婆是什么意思?”全班同学先是哄堂大笑，继而窃窃私语，然后安静得出奇地看我怎么应对他的挑战……

生完孩子以后我有些发胖，但面对上任第一天就来临的挑战，我羞得满面通红，不知所措，正在我焦虑不安的时候，他的课桌里突然掉出来一张照片，我走过去把它捡起来，他十分紧张地想从我手上夺过去。我很平静地告诉他："不用担心，老师只是看一下，马上就会还给你的。"

照片上是一只很可爱的小狗，但是断了一条腿，看起来很可怜，我猜想这狗一定是他捡来的。照片的背面写着：我的爱犬。我当时就想："一个愿意喂养伤残动物的孩子一定是一个有同情心、非常善良的孩子，而且还要把狗的照片随身携带，这说明什么呢?"

想到这里，我平静了很多，话锋一转，我微笑着说了一句："你的小狗好可爱啊，哪里来的呀？你是要让它的照片代表它来听我讲课吗?"

学生们听完我说话，传来一阵笑声。

果然，他回答说是在路上捡来的，看它可怜就收养了它。他的确是一个有同情心的孩子，顽劣只是他的一个方面，他的另一方面是善良，只是我们还不够重视，或者还未完全开发出来。

"你真善良!"我真诚地说。"关心和同情弱者是美德。我们要向他学习。"对同学们说完，我带头鼓掌，掌声过后，我平静地对他说："现在我来回答你刚才的问题。"

他的屁股还没坐稳，马上满面通红地站起来说："老师，我是开玩笑的，不该这样说你。"

我点点头，对他说："知错能改，我真为你高兴。相信你以后会越来越优秀的。"我走过去拍拍他的肩，给了他一个肯定的暗示。

"冰冻三尺，非一日之寒。"没过几天，竟然有派出所的警察来找他谈话，说他在外面打群架，欺负初中的同学。在处理这些问题的时候，我总是坚持"数子十过，不如赞子一功"的原则，尽管他经常犯他以前犯过的那些错误，但我还是努力挖掘他的闪光点，希望在一点点淘金似的挖掘中将他改变。

为了"降服"他，除了平时和他多接触、多关心他以外，我还进行了很多尝试，其中最有效的就是写信。在最初的家访后，我发现他的小学成绩很好，直到毕业时都是前一二名，满墙都是他小学时的奖状，他是到了初中后才开始变成现在的样子的。这说明他还是有一定学习基础，基本的是非观应该已经建立起来了，至少我认为，他也是会争强好胜、会努力进取的一类学生。

在学校的一次家长会中，我让他负责班级的采购工作。大热天的，他来来回回地买水、买橘子等，为我布置家长会现场，大颗大颗的汗水往下滴，衣服湿透了好几次，最后十分完美地完成了我布置的任务。这个周末，我在一张信纸上写上："尊敬的××家长，您的孩子乐意为班级、为同学们服务，有很强的组织能力……您应该为有这样的儿子而感到自豪……"然后，我把他叫到办公室，把信装入信封，故意不封口，交到他手上，对他说："这是我写给你父母的信，让你父母给我回信，下周一早上再给我。"

星期一早上，他没有再迟到，在出早操前就来找我，很开心地把写有"孩子有进步，我很高兴，谢谢老师……"的信交给我。那天，我发现他一整天都精神饱满，很守规矩，也不再违纪。

后来，我安排他做体育委员和眼保健操管理员，他很认真地管理每个同学做眼保健操，每一次他做得好我都给他父母写信予以表扬，每次都不封信封口。慢慢地，他来学校的时间越来越早，也不迟到旷课了；慢慢地，他的体育工作越做越出色。到了职校二年级，我把副班长的任务给了他，他更加尽心尽责，我想他真的成长了。

尽管教育是需要一定的惩罚的，但是无论在什么时候，我都坚持"数子十过，不如赞子一功"，一定要本着一颗真诚的心平等地看待你的学生，真心地帮助他，过多的语言有时显得很苍白，教育必须要对症下药，老师们要找到适合每个学生的方式，让班主任工作深入学生的心中，把学生当成手中的美玉，精心地去雕琢吧！

用智慧化解矛盾

熊逢刚

在4年半的教学生涯中，有喜悦、有烦恼、有收获，也有教训。尤其是班主任的工作，千头万绪，充满了酸甜苦辣。当然，正是这些经历，让我感悟良多，不断成长。下面是一则我也分不清是教育的失败还是成功的例子。

那是我参加工作后作为助理班主任带第一届学生的时候。因为大学刚毕业，所以学校安排我跟李老师带数控班。上一任班主任带这个班级时，他们比较团结，集体荣誉感很强。但是李老师接手后，他的做法和前任班主任的做法有所不同，因此，全班学生都比较抵触。但李老师是位老教师，有近20年的教育教学经验。慢慢地，这个班级的情况就被他摸熟了，并且沿用前任班主任的班委，让学生先慢慢地适应他的管理节奏，然后再把不称职的班委替换掉。其中有一个班委叫蓝某，是体育委员，全班同学都比较听他的指挥，但有可能是换了新班主任的缘故，感觉同学们一起在抵触新班主任，管理时就有同学不配合、不自觉了，于是，他想向李老师辞去体育委员一职。但李老师没有同意，并且找他聊了几次，结果他也很聪明，直接就说是不是要他管理班级，李老师也明确说他说得对，后来蓝某没办法了，只好继续做体育委员，并且还管理着班级。当然我也找他聊了几次，有一次他还送了我一句话，“有志者立长志，无志者常立志”。其实，如果他和一个玩得要好的同学没闹翻的话，可能就没有后面的故事了。

他的原班主任回来后，整个班级又恢复了原来积极向上的一面，但有一回他和同学在自己家里玩，不知怎么闹的，两个人都有点受伤，从这一点可以看出当时他们开玩笑开得有多猛。后来双方家长介入，大吵了一架。再到后来蓝某就提出退学，不读了。班主任、我和各级领导都劝他，只要再读半年就毕业了，为什么不忍一下，结果他就是听不进去。没办法，学校只好给他办了个休学手续。写到这里，我感觉这是一个失败的教育例子，是我们老师没有做好教育的工作。

第二年九月，蓝某又回来读了。我感到很奇怪，当时那么多老师和同学劝都不管用，怎么这会儿想通了呢？我把这个问题提了出来，他回答说："当时年轻，拉不下面子，脑袋一热就做了决定，后来回去想了两个月，也就想清楚了！"我说："能想清楚就好，就当一个教训，以后还是少冲动，多想想这样做的后果。你看你为了面子，又浪费了一年的时间，虽然你现在感觉不到什么，但你以后就会知道时间是多么的宝贵，时间是一去不回头的！"

通过这件事，我有几点想法：

（1）教育学生开玩笑要适度，不要失了分寸，否则容易伤友谊；

（2）教育学生时不要把他们逼得太急，要让他们自己有个思考的空间，他们是有思维的人，不是木偶，有自己的想法，有时候强硬地进行教育，再多他们也听不进去；

（3）与学生交流的方法要多样，不能只用命令的口气，要尊重他们，但不能放任他们。

以上是我对这件事的一些认识，教与学是相对的，每一件事都有好的一面和坏的一面，关键是在这件事上我们学到了什么，现在我在慢慢地寻找我自己班级的问题，尽一切努力把不好的苗头扼杀在摇篮里。我认为应该给孩子成长的空间，让他们学会去认真做一件事，做完后要其承担后果，这才是教育的本质。

让爱插上“信任”的翅膀

吴　斌

也许每个教育工作者都知道信任学生的重要性，但是真正要做到对每一个学生都平等地信任，那就很不容易了，尤其是面对那些众人眼中所谓的“后进生”时，会更难。他们说的每一件事情，我们老师都会产生质疑。其实很多时候，不是学生不值得信任，而是我们作为老师，没有真正去了解那些学生内心的需要，才导致我们对学生的质疑。

我们班有个叫小文的同学，平时表现较懒散，经常迟到旷课，上课也经常开小差，我找过他的家长两次，可都没什么效果，他依旧是我行我素，想来学校就来，不想来学校就不来。在我的记录本上，他其实可以记第三个大过了。但是，我并没有这样做，因为我还想再给他一次机会，我相信他会改正过来的。他头脑很灵活，并且非常有才，画画、写文章都非常厉害。有一次午休的时候，他给我发来信息说：“老师，我下午有事，想向你请假，但请你不要告诉我妈，因为她又会骂我了。”我回过去：“什么事啊？为什么不能告诉你妈？”他说：“我在写一篇文章，想在网上投稿到一家杂志社，今天下午 5 点是最后的截稿日期了。”我说：“这是好事啊，你妈肯定会很开心，会同意你的要求的。”他说：“你不知道，她一直都反对我搞这些课外的东西，只希望我学好课内的那些东西，好让我上升大班，老师，总之我求求你，相信我一次吧，我保证以后不迟到、不旷课，认真听课。”此时，我内心犹豫了，到底要不要告诉他妈妈呢？不告诉的话，万一他不是去投稿，而是去外面玩耍，出了事，那就麻烦了。可要是告诉的话，我怕如果他真的是带着一颗信任的心来待我，而我却伤害了他的信任。我想了一下，决定“冒险”一次，就用短信回过去，说：“老师相信你，你下午就好好写这篇文章吧，不过老师希望你以后都能像今天下午这样相信老师，有什么事情都和我说。”过了一会儿，他回了：“谢谢您，老师，我会的，以后我会改的。”

第二天，他主动来办公室找我，我让他进来。他开口第一句话就说：“老师，谢谢你，尤其像我这样表现那么差的学生，你还会对我这么信任。”我说：“其实老师对大家都是一样的，你也不是表现差，而是你的兴趣不在课堂，为什么不告诉你妈妈呢？”他好像有点难过，说：“我说了，可我妈妈她只会烦我，批评我不好好学习，说玩那些课堂外的毫无用处。”我不由得叹了一口气，对他说：“你妈妈其实也是为你好，她是希望你能好好升上大学，将来成为有用之才。”然后我话锋一转，说：“其实你这么有才，可以去参加我们学校的文学社啊？那你就可以尽情地发挥你的写作之才，也可以不耽误学习。”他说：“我可以吗？他们会要一个被记大过的人吗？”我说：“会的，你这么有才华，他们一定会要的。”

过了几天，我在我的办公桌上看到一张纸条，上面写着：老师，谢谢你，我上次写的那篇文章获得了杂志社当期的二等奖了；还有，现在我也进文学社了，那里有我想要的天地。在之后的一次班会上，我叫他当着全班同学的面朗读他写的那篇文章，读完后，全班都响起了热烈的掌声。

后来，我找他妈妈谈了一下，和她分析了小文的情况，她也同意了让小文继续待在文学社，并且以后会多给他自由发挥才能的空间。从那以后，我发现小文的变化很大，迟到和旷课比以前少了很多，上课也变得比较认真了，甚至还经常举手回答问题。我知道，有一个学生被“激活”了。

其实，我们老师对学生都是充满爱的。不管是对那些优等生，还是对所谓的“后进生”，我们都尽心尽力地想让他们变得更好，但他们，尤其是“后进生”往往不太愿意接纳我们，甚至排斥我们，也许最根本的原因就是我们之间缺乏信任。如果让爱插上信任的翅膀，那么我相信，无论是优等生还是“后进生”，他们都能飞得更高更远。

好习惯养成贵在恒

梁启津

小苏今年16岁，其父母平时忙于做生意，很少有时间与他相处。初中时他在学校住宿，结识了一帮无心向学的同学，因此性情发生了很大的变化：无心向学，纪律观念差，不尊重老师，有吸烟的坏习惯等。在开学第一周，他就经常在课堂上讲话、打断老师讲课等；第二周军训期间，他纪律散漫，旷课一天半，累计11节。为此他被学校记了一次小过。

为了纠正他在课堂上不守纪律的坏习惯，我把他从原来最后排的位置调到了最前面，并安排两名班干部分别坐在他的旁边与后面，把他和与他聊天的对象隔离开来，同时也要求这两名班干部对他的言行举止做好监督工作。如果学生的纪律观念差而且爱出风头，特意安排座位时必须私下里提前跟其做好沟通工作，否则在调座位时就可能会遭到他的拒绝。如果这种事情处理不好，其他蠢蠢欲动的学生就会效仿，这时班主任就会失去威信。如果事先没有及时做好沟通工作，学生有时会打死也不肯调整位置，这时班主任不能跟他硬碰硬，否则吃亏的还是班主任，应该先让他暂时坐着，下课后再对其做思想工作，而且要注意采用先软后硬的方法。

由于他和那两位班干部都是在校住宿的，而且被分在同一个宿舍，两位班干部也都比较平易近人，他们之间的关系比较融洽，因此他能够听取两位班干部的意见，课堂上的表现也发生了明显的改变，没有讲话、开小差等扰乱课堂秩序行为发生。

开学第二周，由于他在军训期间旷课，学校记他一次小过，因情节比较严重，我立刻联系了他的家长前来学校，向他们反映了情况，还通过家长更加深入地了解他性格形成的原因。通过交谈，我知道他家长选择本校就是想让他的孩子与初中那些不良同学隔离开来，是想让孩子转变过来。他的家长很配合学校的教育工作，发现问题后第一时间赶来学校。能否得到家长的大力支持，这直接影响到班主任对该生采取教育效果的好坏。

得到家长的支持后，要引导家长采取相应措施。如，学生每周六、周日都要回家，回家后要严格规定他外出的时间，在家里，家长也要协助孩子改掉吸烟的不良习惯。

由于他被记小过需要三个月的考察才能撤销处分，因此，我希望他能够通过将功补过的方式来撤销处分，如安排班内的一个职务，表现良好的话就可以撤销处分。在老师的引导下，他主动提出了担任劳动委员一职，不管他选择该职位的意图如何，但总算是个好的开始。但我也明确提出了该职位的具体要求，如每天准时到教室，提醒同学搞清洁，记录考勤，整齐摆放清洁工具等。如果有同学迟到，还要安排其他同学协助他完成清洁。这份工作可以培养他的责任心及班级荣誉感，在前半学期里他都能够按照要求把工作做好。

后来，学校举行文艺会演，本班决定组织学生排演一个小品，我特意安排他出演其中一个角色，通过活动的彩排训练，可以丰富他的课余生活，让他感知生活的美，远离之前空虚、堕落的生活。由于他的思想状态不稳定，偶有违纪行为，我必须及时发现问题，对其违纪行为要给予相应的处罚，如写检讨、做好人好事等，使学生了解必须对违纪行为负起相应的责任，让学生重新树立起遵守各项规章制度的意识。

学生的坏习惯一旦形成，要想帮助他克服坏习惯，就需要随时掌握学生心理状态，要有与学生进行“持久战”的心理准备，他在考察期结束后的确出现了反弹，纪律开始散漫，责任心也下降了。学生出现这些状况其实也很正常，老师要以平常心对待，找出问题所在，与学生一起商量解决的办法，如果只是一味地责怪、处罚，学生反而会反弹得更加厉害。

一份信任契约

颜　俊

虽然我一直强调作弊的危害，但每次考试，班上总有几个学生“以身试法”，一个眼神、一个转头，令人防不胜防。所以每逢考试之际，便是“警察捉小偷游戏”的开始之时，这种情况着实令人头疼。

某天下午要进行单元测试。铃声响过后，我进入教室，喧闹声才渐渐平息下来，孩子们的目光立刻齐刷刷地聚焦在我手中的试卷上。看到他们略带忐忑的神情，我忍不住笑了。“复习好了吗?”我故意问道。孩子们不约而同地齐声答道：“没有!”刹那间，我禁不住也和他们一起笑了起来，气氛顿时轻松了许多。尽管如此，我手里分发着试卷，心里却还在琢磨着该用什么严厉的方式来保证考试的真实性。可该用的方法几乎都用过了，该说的狠话也都说遍了。突然，我灵机一动，一个奇妙的想法产生了。

“同学们，今天我们要用一种特别的方式来完成这次考试。”我说道。同学们都把目光从试卷上移开，颇感意外地望着我，静静地等着我说下去。“我们这次考试将采用‘无人监考’的方式进行，一切靠大家自觉。”话音刚落，同学们纷纷交头接耳地议论起来。显然，这个决定让他们感到十分新奇。从一些学生彼此会意的眼神中、略带笑意的嘴角上，我忽然有了一丝担心。可是话已出口，又怎能再收回来?但怎样才能让学生在没有老师监督的情况下也能自觉自律呢?

我的大脑飞速旋转一番，便有了主意。我平静地说：“老师想和同学们签订一份信任契约。”话音落下，教室里顿时出奇地安静，我继续往下说："我把信任交给你们每个人，而你们仍要遵守考试纪律，不要翻书，不要相互讨论研究，管好自己。"最后我丢下一句"让我们用心注视着自己"，便离开了教室。

回到办公室，我盯着墙上的钟，看着秒针一点点地挪动，越来越坐立不安。好几次，我都想冲到教室去探探虚实，但最终还是忍住了。走到窗前，远远地向教室的方向望去，只隐隐地看到学生们低着的头，似乎一切正常。可是，一想到那几个在我眼皮底下都会玩花样的调皮学生此时可能做出的举动，我的心又紧缩起来，真有点后悔一时冲动做出无人监考的决定，说不定那几个调皮鬼正在暗笑我自作聪明的举动呢！

好不容易熬到快下课了，我便急急忙忙地向教室走去。快到教室后门时，我故意放慢了脚步，轻轻地走了进去。我有点意外，教室里十分安静，只听见"沙沙"的写字声，同学们都很专注，竟没人发现我的到来。我用目光快速地扫视着那几个调皮鬼，发现一个在答题，一个咬着钢笔盯着试卷似乎在苦苦思索着什么，还有一个拿着试卷不知在想些什么。按照以往的监考经验，此时应该是学生最"活跃"的时候，但现在我站了半天，竟然没发现一个人有试图作弊的举动。

铃声响了，我站在讲台前，看着组长们熟练地收起试卷，每个学生似乎都长长地舒了一口气。

考试的结果让我意外，更让我惊喜！没想到，一次大胆而简单的尝试会给孩子们带来如此大的触动。这是我读完当天学生们的日记才敢确认的事实。

"在家里，父母天天看着；在学校，老师天天盯着。今天我们终于不再像坐牢一样被监视了，这感觉真好。"

"今天和老师签了一张特殊的信任契约，才感到信任与被信任是如此的美好。"

"第一次这样强烈而深刻地认识到，被人信任是一种幸福。"

……

这么多年，我还是第一次被这么多孩子的文字所打动，几乎每一篇日记都让我更深刻地了解了他们，也更加爱他们了。我选择了几篇，让他们在课堂上朗读。台上激动，台下感慨，我的心也在那一刻和孩子们贴紧了。结束时，我对孩子们说："你们长大了，学会了自己管束自己，没有哪一种品质比诚实更可贵，没有哪一种行为比自律更能催人奋进。"他们听后，眼神中流露出骄傲和自豪。课后，一名女生主动找到我，向我承认她在考试中偷看了同桌的试卷，但她又说，自己当时就后悔了，因为在偷看以后，她发现自己的举动跟周围同学的举动明显格格不入，她觉得羞愧难当！

我没有责怪她，反而表扬了她承认错误的勇气。其实，每个人的内心都有向善的因子，教育的最高境界就是激发这些内在因子。一旦自我约束和自我管理变成一种自觉的行动，那么每个人就能充当起自己的管理者。

从我和学生签订信任契约开始，以后每次和学生们相处时，我都不再把他们当成需要管束的对象，而是把他们看作一群富有个性、充满活力的生命。我想他们会和我一样，永远记住这次考试和这份信任契约的。因为每个参与其中的人，心灵都得到了一次洗礼和提升，而这恰恰是成长过程中最需要的印记。

隐形的翅膀

姜飞艳

“再差的学生听到嘉赏，也会往前赶一赶；再好的学生得不到嘉赏，响鼓也变讨饭的碗；要想学生笑得甜，赏识教育记心田。”这是余国良老师在一次讲座上说的一句话，令我感慨颇深。担任模具102班班主任时，班里有一个寡言、漂亮、酷酷的女生，叫萱萱。初中时的萱萱很叛逆，喜欢一些新潮古怪的东西，老师、父母的话一概不听，如果说的多了，还会产生逆反心理。有一次，学校要求女生把头发剪成齐耳短发，萱萱不愿意，于是老师、父母轮番做工作，无法忍受的萱萱干脆就去理成男孩子的小平头，让老师、父母都无语了。她很抵触老师、父母的教育，自然也就不爱学习了，最终她没有考上普通高中，而是上了职高。

上职高后因为家离得远，所以她住宿了，摆脱了父母的管教，算是“首战告捷”。第一次跟她接触时，她一个人独自坐在操场上的一棵树下，塞着耳麦，悠闲地听着音乐。我坐到她旁边，跟她打了声招呼，她的眼神有些诧异，但没说什么。我问她听什么呢？她塞给我一个耳麦，是张韶涵的那首《隐形的翅膀》，我们师生在夕阳下一起听完了那首歌。我说，“你很喜欢这首歌吗？”她点了点头。“能告诉老师为什么吗？”她不说话。我笑了笑说道，“你知道吗？你也有一对隐形的翅膀，可以带你飞，飞得很高”。说完，我把耳麦还给她，轻轻地离开了。

模具专业男生多女生少，全班一共只有3个女生。女孩子都有些娇滴滴的，钳工实习时，要手工加工制造工件，萱萱不愿动手，科任老师说了好几次她都不理，最后一次甚至扭头就走，于是科任老师向我投诉。我带她来到了我们一起听音乐的老树下，又放起了那首《隐形的翅膀》。听完歌后我们聊起了张韶涵，讲她如何成名，聊她在成名前付出了多少努力；聊起了音乐，音乐让我们的心情平静，音乐让我们学会理解包容；聊起了父母亲人，聊他们的希望寄托、他们的生活艰辛；聊起了坚强勇敢地面对学习、生活，梦想才能开花。她问我："老师，长这么大，我做什么好像都是不对的，没有人认同过我，所以我就不想做，我对自己很没信心。"我就告诉她说："你漂亮、聪慧，而且坚强勇敢，老师非常看好你，你一定可以的，记得你有一双隐形的翅膀，可以带你飞，飞得很高。"我又找了科任老师，希望老师多表扬她，以增强她的自信心。在接下来的实训中，萱萱都很认真地面对，在加工零件的过程中，她的手被磨出了水泡，她都没有放弃，最终漂亮地完成了整个实训。我把这件事告诉了她的家长，希望家长多多地鼓励、赞赏她。再碰见她时，她对我说："老师，没想到我做到了，我很开心。"我说："老师送你一句李大钊的名言吧，'凡事都要脚踏实地去做，不驰于空想，不骛于虚声，而唯以求真的态度做踏实的工夫。以此态度求学，则真理可明，以此态度做事，则功业可就'。"记得那天，她很认真地把这句话记在自己的小本上。

从那以后，我就经常推荐萱萱去参加各种活动，她也很积极地配合，在各种活动中她的自信心得到了充分的锻炼。在担任班风监督员和生活委员时，她工作尽心尽力，与同学、老师的关系融洽，个人能力得到了很好的锻炼，性格也开朗了许多。后来她参加了各类比赛，获得了很多奖励，比如手抄报比赛二等奖、图书馆优秀协管员、全国中等职业学校文明风采竞赛二等奖等，并屡次被评为校级优秀学生。在 2012 年参加毕业生顶岗实习期间，她因工作认真负责获得"企业优秀员工称号"。现在她已经毕业了，在一家涂料公司做销售。有一天，她来看我，心情激动而又开心，她说："老师，我真的很谢谢你，谢谢你对我的帮助，回想起初中时我那样任性叛逆，我真的不敢相信我现在能成为这样。是你让我重获自信，是你让我知道独立，是你让我坚强勇敢。”我笑了笑说：“是你自己有慧根，有一对隐形的翅膀。”

从萱萱的成长故事中，我深刻地认识到赏识教育的重要性，记得有位教育家说过，“孩子就像一盏即将熄灭的小油灯，批评是风，风吹大了，必然灭掉，表扬是油，如果往灯里加一点油，他就会越烧越旺”。因此，我们不要过多地去责备孩子，而应该去发掘他们的闪光点，一点一滴地培养他们的自信心，让他们健康快乐地成长，赏识虽不是万能的，但不赏识是万万不能的。

用宽容感化迷途的“羔羊”

陈美苑

一天，我忽然接到一个电话，对方彬彬有礼地说：“老师，您好！我是您的学生小梁……”我脑海里马上清晰地浮现出那个满脸稚气的男孩子。

那一年我第一次担任班主任，小梁是班上一个无心向学的学生，他跟班上特别老实憨厚的小张很“要好”。有一次，我通过其他学生了解到，小梁向小张借了三百元钱，过了几个月都没还。小梁还威胁小张：“你每天都要搭我上学、回家，要不然我就不还钱给你了，你也拿我没办法！”

于是，老实的小张每天搭着小梁上下学，从他们家到学校，大概要骑四十分钟，但小张天天坚持着。一次偶然的机会，小梁发现一份报纸上夹着一张奖券，上面印着显眼的“一等奖，三百元”，不过要到某商场购买一套一千多元的西装才能兑现。小梁觉得这是个大好机会，于是便在小张面前施展起了他“高超”的演技。首先，他兴高采烈地举着报纸在班里宣布他领到了一张奖券，同学们都好奇地凑过来看，他等小张也过来后，便开始描述那家商场的西装如何高档，还恳求小张再借点钱给他，让他拿着这张奖券去买西装。小张还在犹豫，他就装作很着急地说：“别犹豫了！活动马上就要结束，没时间了，等我买了西装，转卖出去，再还钱给你……”小张表示现在他身上没带钱，小梁装出一副很沮丧的样子说：“那怎么办呢？”沉默片刻，小梁又说：“要不，这张奖券卖给你，当作是我还了三百元给你了？”

看小张还在犹豫，小梁又故作夸张地说："你不要，我转卖给其他人了，这么好的事，上哪找去?"

没想到的是，老实巴交的小张竟然就答应了。他拿了那张奖券，两人说好之前那三百元的债一笔勾销。

小梁还不忘叮嘱小张："不准告诉班主任!"

但是，世上没有不透风的墙，很快我还是知道了这件事，当时真是气得要吐血了！但再生气也得冷静下来寻找解决问题的方法。恰巧我在办公室也找到了几份报纸，抽出几张那种奖券（基本上都是一等奖的)，我让小梁进办公室来，拿出一张奖券对他说："小梁，我这里有一张一等奖的奖券，卖给你吧，要不要?"他的脸色立刻变了！我又拿出另外几张说："这里还有好多，都给你，批发价!"小梁低着头，一动也不敢动，我又让学生把小张也叫来，我气愤地叫小梁当着我和小张的面，写下欠条，要求其毕业前还清欠小张的三百元，否则就不给他发毕业证，理由是操行不及格。

下午一放学，我就迫不及待地到小梁家去家访，一进门就感受到极不和谐的气氛。原来，他父母正在闹离婚，整天吵架、打架，而且都不给小梁零用钱。整天生活在这种压抑氛围下的小梁，想到去小卖部赌钱，希望能够赢点生活费，结果却输掉了三百元……我一边听，一边在内心谴责自己：今天用那样的语气对小梁，有点过分了！学生再怎样，都不过是个孩子，况且还是个遭遇家庭不幸的孩子。作为他的班主任，作为他一个可以信任的长辈，怎能不先了解清楚情况，就对他那么咄咄逼人呢?

从小梁家出来，我的心情特别复杂，此时天已黑了，小梁主动说："老师，我送你回去。"在洒满月光的小路上，小梁跟我聊了很多心里话，从他的言语里，我感觉到了他的迷茫。我也跟他说了很多做人的道理，跟他讲诚信乃人之根本。我问他要不要把这件事在全班同学面前说出来，让同学们改变对他的看法？他沉默之后点了点头……

第二天一早，我就在班上澄清这件事的来龙去脉，将他家的情况告诉了大家，并要求大家不要对他抱有成见，还鼓励大家积极发言，建议他今后怎么改正。当时，我看到小梁低着头，不时点点头。

又过了几个月，小梁拉着小张到办公室找我，要当着我的面还清那三百元钱，小梁说这钱是他暑假去舅舅工厂里打工挣回来的，并向小张鞠躬道歉！我也当场撕掉了那张欠条。

再后来，小梁的父母离婚了。毕业后，他只身一人跑到珠海去闯荡……

如今，电话那头的声音是那么沉稳。小梁说："老师，我在珠海打拼了几年了，虽然还不算混出什么成绩，但也过上了稳定的生活，我准备结婚了，可以请您来吗？老师，这些年我真的很感谢您当年对我的宽容！"

幸福，不知不觉地爬上心头来……

每只迷途羔羊的背后，都有个不幸的背景，老师的宽容可以感化他们的内心，指引他们回到正道。

尊重与信任

虞天颖

世界上没有完美之人，也没有完全相同之人。学生也是如此，由于遗传、性格、环境、生活习惯等因素的影响，学生之间会存在很多差异。有的听话懂事，有的倔强顽皮；有的聪明伶俐，有的迟钝呆板。作为教师，我们应该承认学生的这些差异，并应该尊重学生的这些差异。由此可知，我们在教育教学过程中要讲究方式、方法，要讲策略，要抓住学生的闪光点，引导学生向着有利于他们成长和发展的方向努力。下面是我教学生涯中的真实事例。

那时我刚刚接任班主任没几天，对班里学生的了解还不多。某天上午，有一位叫清的女学生家有急事需要赶回家，如果她自己骑自行车回家就赶不上了，于是我就开摩托车送她回家。在送她回家的途中，她的手机突然响了，我停下车让她接电话。通话结束后，她发现离我们右边10米远的地方有个男人正朝我们的方向望，她突然破口大骂，骂了很难听的脏话。起初我还不是很留心，以为是在骂我，我还反问她："你怎么骂老师呢?"她说："不是骂你，老师，我是骂那边那个臭男人。"我循着她指的方向看去，有一个三十多岁的男子，朝我们的方向看着，好像是在看我们左边的商品楼，并非是在看这位女学生。于是我对她说："你为什么骂那个男人?"她回答说："他在看我！所以我骂他。"她的回答出乎我的意料，于是我跟她说："那个男人好像不是在看你哦?"她说："就是在看我，看什么看，没看过靓女吗!"

从此之后，我对这位学生观察了一段时间，发现她的性格与众不同：爱美爱靓、比较任性、喜欢顶嘴、怕吃苦，还有几分霸气，好表现自己，但人算是聪明的。经过深入的家访，我了解到，她很小的时候父母经商，平时很少有时间管教她、陪伴她，她从小跟着奶奶长大。她童年、少年时经常遭到男孩的欺负和虐打，她一遭到欺负和虐打就向她奶奶告状，她奶奶也经常教育她反抗，甚至要她打败、打痛那帮男孩。久而久之，她就形成了现在这种任性霸道的性格，她对奶奶和父母也会顶嘴，对父母的话更是置若罔闻，但她人较为聪明，只是不够勤奋，成绩徘徊在中游。

后来，经过多次交谈，我们之间的师生关系变得很融洽了，同时我也发现该生的闪光点。在课堂上，我经常给她机会表现，让她出出风头，让其他同学认同她、接受她。记得第一次提问她时，她的回答出乎我的意料，也出乎其他同学的意料，我对她的回答给予肯定并表扬了她，教室里也响起了雷鸣般的掌声，这时我观察到她的眼神中有细微的变化：高兴、感激、自我成功的快感……总之非常复杂。据同学们说，由于以前她与老师顶嘴、不听讲、逃学等原因，以前的老师很少提问她，总是让她靠边站，同学们也很少听她回答问题。对此，我觉得我更应该对她充满信心，拉她一把。在我的尊重、表扬以及激励下，她各个方面的表现都在向好的方向转变。

有一次，科代表因病请假了，但出乎我意料的是，她帮我把作业收齐并送到我的办公室，然后我假装义正词严地对她说："有一件事你还记得不?"她有点紧张地问说："什么事呀?"我说："还记得有一次，你家有件急事要你马上回家，我用摩托车送你回家，在半路上你看到有个男人看你，你大骂他的事，还记得不?!"她犹豫了一下，脸立刻涨红并低下头说："老师快别提那事，羞死我了，老师不说我都快忘了。"我说："这件事可不是件小事呀，是'救'了你的事，你可不能忘了。"她说："是的，都是我以前不对，以后不会再有这种事发生了。"我说："我们每个人都要相互尊重、相互理解、相互包容，这样活着才有意思。"她诚恳地点点头，道声谢后走了。

宽容和鼓励是促进学生进步与成长的基石

区国贤

“现在的学生越来越难教。”这句话让大多数老师都感同身受，尤其是职中学生的班主任更难做，“做一年寿命短三年”，这足以说明入读职中的学生素质参差不齐和难管难教。在班主任工作中，我们经常会遇到这样一些学生，在他们的学生生涯中，总被贴上“后进生”的标签。要改变这些学生，需要班主任付出很多的心血，然而这些学生的进步，不单只是改变学生自己的人生，有时更是拯救一个家庭。

当时，我接手这个新班的班主任工作的第一周正好是劳动技能周。早上，在我巡查清洁情况的时候，班长跑过来跟我说负责倒垃圾的卢同学找不到了，以致很多垃圾桶都堆满了垃圾。当我千辛万苦把卢同学找到后，还没等我开口，他就冲着我大声说：“凭什么要让我倒垃圾？我来这里是读书的又不是干这又脏又臭的活儿的。”我看他情绪激动，心想现在教育他也很难收到良好的效果，就及时终止了这次谈话。当着他的面，我和班长一起把堆满垃圾的垃圾桶清理得干干净净。后来，我找到原班主任了解卢同学的情况，原来他好表现自己、爱面子、容易冲动、自我控制力差。于是，我找他谈心，向他讲清楚安排他倒垃圾不是歧视他，而是要让他意识到任何一位同学都可以完成每一个岗位的工作，并跟他说：“我相信你是个干大事的人，但凡要成大事，都必须先把小事做好。”最后，我告诉他以后有困难应该提出来，主动找同学、老师解决。在随后的几天，他还是负责倒垃圾，虽然他依然不太情愿，但在班干部的监督和帮助下，他还是完成了自己的工作。

在第二周的班会课上，我表扬了卢同学："你干着班里最脏最累的活儿，校园的整洁，有你的一份功劳。"在全班同学热烈的掌声中，我看到卢同学眼睛里闪着感动又有点羞愧的光芒。

鉴于卢同学的课堂表现，我把他的座位调到了班里一位比较安静的同学的旁边。他当着全班同学的面说："老师，我坚决不调这个座位，我才不愿意跟白痴坐在一起，你要是非让我坐在那里，我就不来上学。"大家听了都哄堂大笑，他一扭头就走了。当晚我与他的家长进行了沟通，让他的家长转告他，座位是根据学生们的课堂表现来调整的，并不按每个人的意愿来行事，也请他尊重班里的每一位同学，让他考虑清楚后第二天来找我。家长也跟我讲述了他从初中到高中的一些表现，说他一直都是被老师批评的对象，同时家长也表示，非常乐意配合学校的教育。

第二天卢同学来了，我问他："有什么想法没有?"他不吭声。我说："座位可以调整，不过是有条件的。"最后，我同意让他单独一个人坐，前提是他要向那位同学道歉，并保证以后遵守课堂纪律，认真听课，否则就把桌子搬到讲台旁边。同时，我让班干部时刻督促、提醒他，把他的违纪"扼杀"在萌芽状态中。一段时间后，他在课堂上的表现明显有了好转，我抓住这个机会及时地表扬了他，让他知道，老师是时刻关注他的，也让他知道，付出总是会有收获的。

接下来，我让卢同学担任了体育委员，他非常负责，在他和其他班干部的努力下，班里的集体集会井然有序。我也经常在班里肯定他的努力和进步。慢慢地，卢同学身上的缺点明显减少了，正能量迅速凝聚起来。

虽然卢同学偶尔还会犯点错误，冲动的个性一时还难以改彻底，但是他变得愿意接受老师的教育了，大家也看到他在不断努力、不断进步。

教育的目的不可能一蹴而就，教育是一项长期而繁复的工作。但我相信，只要我们对学生多点宽容和鼓励，这种严而有度、宽而有格的宽容和鼓励是促进学生进步和成长的基石。

不能再错下去

韩银德

有一年我刚接手一个新组建的班级，就听说班上有一个叫小错的学生已被留校察看，只要他再违反学校的纪律就要被劝退回家了。当时我就在想，这个小错是一个什么样的人？会不会是一个蛮不讲理的学生？会不会……带着种种疑问我走进了教室。

开学第一天，学校要求班主任检查学生的仪表仪容，这时我发现班上有几个男生的头发特别长，前面几个男生都答应放学后去理发，只有一个男生对我不理不睬，他就是小错同学，他的头发看起来好像已经几个月没理了，已成披肩发了。放学后我把他单独留了下来。他问："老师，你为什么要留我下来？"我没有直接回答他的问题，而是把学校的规章制度以及《中学生守则》拿出来，向他解释他违反了第几条，然后我反问他："难道你做不到吗？"在校规校纪面前他不得不答应我去理发。第二天来上学，他自觉地走到我面前，说："老师，这样合格了吧？"我微笑地说："不错，合格了，以后头发长了知道怎么做了？不用老师再拿守则和你说了吧？"他说："明白了。"接下来的几次仪表仪容检查，我发现小错的头发都合格了，这说明小错同学也是讲道理的，以前他就是纪律观念太差，才会经常违反纪律，以致被留校察看。作为班主任，我不能让他再错下去了，必须帮助他走上正道。

开学第二天早上，他不仅迟到了，而且还不出操，然后从第一节课就开始睡觉，一直睡到下午第六节。知道他这种情况，我当时很生气，恨不得马上把他上报到学校德育处，让他退学算了。我气鼓鼓地找他谈话，说：“请你家长马上来学校，带你回去。”当时他吓呆了，看起来很可怜，眼含泪水苦苦向我求情，表示会改过自新。他说，以前他自己也是天天迟到，一下子改过来很困难，另外，由于他对语文、英语不感兴趣，所以老打瞌睡。既然他表示悔改，我也就同意给他机会。于是我和他“约法三章”，让他自己写好应该如何做，若违反了又该如何受到处罚。其实小错是很聪明的，在数学课堂上也表现得很活跃，做题速度快，又乐意帮助同学，唯一的缺点就是不遵守纪律。我想，既然他也有优点，若能把他的优点发挥出来，也许以后他会少犯点错误，也就不会被退学了。想到这里，我就找他谈话，给他一个小组长做，把几个数学较差的同学分给他，让他每天负责教他们做数学作业。他喜欢表现自己，所以学习数学的劲头特别足，课间也在研究数学，同学问他问题，都能一一得到解答。他们小组的数学成绩因此进步了不少，我表扬了他的功劳，他更得意了。就这样，在课堂上他有事做，也找到了乐趣，于是他劲头十足，一点睡意也没了。为了帮他解决迟到的问题，我把考勤工作交给他，每天早上、下午上课前5分钟要负责点名。我说：“全班同学都等着你，要公正、公平，责任重大啊！”当时他有点不乐意接受，怕自己迟到，会耽误了工作。我说：“你不能再错下去了，你想退学吗?”他很怕被退学，想了想，终于接受了，我说：“男子汉大丈夫，答应别人的事，必须要做到。”他说：“好吧。”接下来的一段时间，他天天按时到校，考勤工作也做得非常好。一个月后，我又表扬了他，还鼓励他再接再厉。

一个学期过去了，他坚持了下来，没有被退学，他很高兴，表示不会再错下去了，别人可以做到的事，他自己一样能做到。如今，小错已是一个名副其实的大学生了。

我学会了赞赏学生

高　林

我曾经带过一个班，是全校人数最多的班，学生的入学成绩也相对比较差，含体育在内共七个科目，总分在400分以上的学生竟然只有3个人，绝大部分人的成绩都在300分左右。直觉告诉我麻烦来了，一般来说，无心向学才会导致成绩差，纪律当然也成问题了。

可能是换了新环境的缘故，刚开始，学生还挺乖的。慢慢地，他们的坏习惯都暴露出来了，迟到、旷课、不搞卫生、打架、顶撞老师，甚至早恋等，为这些事我忙得焦头烂额、疲于奔命，但效果却不理想。有些老师劝我："算了，他们一直以来都这样！"该怎么办呢？我很苦恼！

有一次，小郭同学和科任老师起了冲突，闹得很厉害，我严厉地批评了她，她哭了，很委屈地说："你们大人干嘛那么野蛮？从小到大，我们做什么都是错的，没人说过我们好话，都是批评我们，骂我们，我们听得太多了！本来我们想去做一件事，还没开始就听到风凉话了，你知道我们班为什么那么多违纪现象吗？就是因为他们觉得做好了也没用，在你们眼里还不是一样?!"一语惊醒梦中人！我要开始反省自己了。

我努力寻找他们的优点，尝试去欣赏、赞扬他们。通过仔细观察，我发现他们的优点还不少，比如说，他们都活力四射、精力充沛，对新鲜事物充满好奇，只要引导得好，是完全能够有所作为的。我及时地表扬了他们，并且尽可能地融入他们的课外活动中。慢慢地，我们班的集体凝聚力增强了，而且我们班在学校的各项活动中表现突出，相继荣获文艺会演三等奖、广播体操比赛二等奖、废旧物品变手工艺品比赛二等奖、手抄报比赛二等奖、拔河比赛冠军、校运会团体总分第八名等，此外还有不少个人奖。每取得一项成绩，我都对相关同学进行大力表彰，并号召其他同学向他们学习。我发现，同学们得到一点点赞赏都会很激动，这说明他们以前得到的表扬太少了。从此，班里出现了你追我赶、积极向上的良好氛围。我开始松了一口气，原来赞赏的作用这么大！

再如前面提到的小郭同学，她倔强、任性，天王老子都敢惹，同学们都认为她难以相处，不少老师提起她都直摇头。她的缺点确实不少，可我同时也发现她字写得好，画画也很出色。我找她谈心，希望她担任班里的宣传委员，负责班级宣传板报的策划和其他宣传工作，开始她不肯，说从来没做过班干部，怕做不好。我鼓励她大胆地去工作，说我和其他同学都会协助她的，她最终答应了。其实她心里蛮高兴的，认为我看得起她，工作起来也特别卖力，很多时候放学了还不走，还在画呀、写呀，说要报答老师的知遇之恩，不努力不行。每每看到设计新颖的黑板报，我都会由衷地发出会心的微笑。在手抄报比赛和废旧物品变手工艺品比赛中，她的表现也非常突出。由于工作出色，她被评为优秀班干部。

终于，我学会了赞赏学生！

开启你尘封的心扉

孙 贺

转眼之间，我担任班主任已有 5 年了，各种各样的学生也见得多了。但是，当我接手综合 125 班时，学生小迪还是很快就引起了我的注意。他瘦瘦小小的、脸色灰白，每天上课、下课好似戴着一副面具，脸上波澜不惊，不苟言笑。两个星期的时间里，我又相继发现了他学习积极性不高、上课不听课、不做练习、不完成作业、不出操、不清洁、无故旷课、沉迷玩手机、吸烟，以及不听老师指挥等缺点，他是个我行我素的学生。

我没有急于处理他，而是先和他母亲通了电话，得知他是家中独子，父母为他也倾注了很多心血。小迪高一时就有种种不良表现，且有些自闭，曾看过心理医生，在家里既自傲又霸道，由于身体不好，他的家人凡事基本上都依着他。他母亲还强调："老师，他去了你们升大班之后已经好了很多，老师你一定要帮我好好教他。"我也是为人父母的，能深刻体会到小迪父母的无奈，也感受到他们把对孩子的期望放在我身上的压力。

我深感责任重大，必须好好思考一番。于是，我等待时机，逐步实施了以下方案：

第一，前两周，对于他的违纪行为，我只是告知他违反了哪些纪律，该扣多少操行分，并没有特殊的处罚。如果他愿意解释理由，我就倾听；如果他不愿解释，我也不强迫他。

第二，第三周，我收到了小迪的周记，他写得满满的，尽管大半内容是抱怨整日被老师批评，可最后还是说，"不能再这样了，我要乖一点了，我要好好学习!”我很开心，马上在班会课上不点名地表扬了他。我说:“有一位同学，第一次周记只写了两行，第二次周记却写了两页，这说明什么？说明他已经开始转变了。大家来到了升大班，都想考到理想的大学，现在我们已经在慢慢向好的方向发展，我相信这位同学在第一次月考中一定会有进步的!”

第三，表扬过后第二天上数学课时，我惊喜地发现他开始做题了，我不时地查看他的练习，适时指点，我发现他还挺聪明，只是公式、概念掌握得不好，我还给他机会展示他的答案，他很开心，对数学课也越来越有兴趣、越来越认真了。

第四，第五周月考一的成绩出来了，小迪数学考了 106 分，成绩名列班级第十名，总成绩为班级第 35 名。我再次表扬了小迪，肯定了他的进步，同时也对小迪提出了新的要求，希望他加强其他科目，争取平衡发展。

第五，第七周，我又收到了小迪的周记，写的是他多次向一个女孩表白被拒绝的事，他说他还要再接再厉，直到她接受为止。我的心里喜忧参半，喜的是孩子信任我，把隐私也和我分享，忧的是他还小，此时谈恋爱不合适。我略作思考，采取了一种很轻松的方式。在班会课上，我不点名地提出这件事请大家思考分析，并做总结：同学们，到了你们这个年龄，对异性有好感是很正常的，我欣赏该男孩的勇气，但不赞成他的做法。请大家思考女孩为什么拒绝男孩呢？因为男孩不够优秀！更因为高中的时光不容虚度！所以，我建议这个男孩先要让自己变得更优秀！怎么做？努力学习，考上理想的大学，这是自我提升最快最好的方法！我用余光瞄向小迪，我发现他笑了，有点不好意思，但更多的是释怀！事后我问他，他说他没有再去追那个女孩，要先考大学。

第六，第九周月考二的成绩出来了，小迪数学考了 116 分，数学成绩名列班级第三名，总成绩为班级第 19 名。

成绩的进步给他带来了自信、微笑和朋友，向小迪请教数学问题的同学变多了，小迪的朋友也变多了，他的笑容也多了，也逐渐开朗了，他那尘封已久的心扉打开了！在朋友的带动下，小迪还参加了我班有20多人参与的大型舞蹈，并在文艺会演中夺得一等奖。如今，小迪正信心满满地向他理想的大学前进！如今，小迪的父母来到学校，我播放文艺会演的视频给他们看，看到小迪的精彩表演，小迪的父母都不敢相信他们的儿子还会跳舞，再看到小迪成绩的进步、纪律方面的良好表现，他们都露出了欣慰的笑容，也对小迪的未来充满信心和希望。

没有学生真的自甘堕落，只是挫败蹉跎了他们前进的脚步。只要有老师愿意提供帮助，也有能力提供帮助，他们会欣然接受的。转化后进生，需要班主任拿出诚心、耐心和智慧。

首先是要沟通，要让学生信任你、接受你，这样才有机会产生共鸣，你的教育才有说服力；其次，要善于捕捉或创造机会，给予学生力量和信心，我相信激励的力量大于批评的力量；最后，要允许学生有反复变化的可能，在反复变化中仍可以不断进步和提高，要树立转化后进生的信心。

有一句话说得好，“方法总比问题多”，转化后进生总有方法等着我们去发现。愿我们都能成为智慧型的班主任、开拓型的班主任，让我们的后进生也有春天！

教育没有终点

吴小娟

今天，我对着镜子梳头时，发现两鬓已生出很多白发。是的，从我踏上职校的教师岗位至今，担任班主任已经快 14 个年头了。这 10 多年的班主任工作，在我内心留下了很多甜酸苦辣的回忆，是学生丰富了我的人生。

本学期第三周，从大良成人中专转来了一位家住大良的学生，叫梁某。我第一眼见到他时，就发现他的头发不合格，有烫发现象；校服不合格，有改装现象；身上有一股烟味，有抽烟现象。我当时心就凉了，觉得学校不公平，本班在经过第一学期的磨合后，已成为一个优秀班集体，这学期第一周已转来一位新生，为什么又有新生来我班呢？而且还是后进生！也许是带着抵触的情绪，也许是多年都是担任班主任，让我对学生的任何违纪行为都是零容忍的态度，也不理会违纪学生的实际困难或心理缺失，所以，当梁同学刚到我班、仪容仪表还来不及整改时，我就先板起脸孔；当他的学习物品还来不及整理时，我就当着全班学生的面指责他。有一次，梁同学的牛脾气爆发了，他一脚把收集箱踏得稀巴烂而不买我的账。

结果，我的自尊心大受打击。当晚，我整夜未合眼思虑着白天发生的事。梁同学的对立情绪非常严重，故意跟我对着干，这样下去，我们之间的师生关系就会变成“警察与小偷”，冲突不断。想着以后这种氛围会蔓延到班级就使我心力交瘁！我该以哪种教育方式与他打交道呢？而这时，我的神经衰弱又不请自来……但最后我也想通了，梁同学来本班已是铁的事实，我只有接受他；既然他在社会上混了半年还能重拾书包来我校读书，我就该给他一个改正的机会。从明天起我就不以和其他学生一样的严厉来要求他，而是给他一个回旋的余地。

就在梁同学来到我校的第三周，因他以前有诸多的坏习惯，惹事了，被高年级的学生带着社会上的人在放学的路上拦截，并要揍他一顿时，刚好我看到了，让他躲过了这一劫。事后，我给他分析为什么会有人想揍他。从此，他消除了对我的戒心，有事也喜欢跟我说了，哪怕是违纪后他也在第一时间跟我悔过，我也用发展的眼光来看他，并相信他是会改正的。

经过大半学期的磨合，梁同学终于融入了班集体，在学校的“歌唱祖国”的决赛中，伴奏曲是他用几天几夜的时间坐在电脑前剪辑的，还有集体操的表演，他也通过自己的努力换来了全班同学的认可。

通过对梁同学的转化，我明白尊重、宽容、善待每一位学生，是使班主任工作顺利进行的保证。

回首自己的教学经历，学生教会了我许多许多。如果说我能走进孩子的心灵，宽容孩子的过失，赏识孩子的优点，那也是在多年的摸索、反思和积累中修炼而成的。我应该感谢学生，是他们让我不断成长。

敢于承认错误是教师的一种智慧

梁建林

古人云："人非圣贤，孰能无过？"人的一生不可能不犯错。在教育教学过程中，有些教师在出现失误时，不敢大胆地承认错误，而是采取隐瞒的方式来淡化处理，甚至强词夺理，他们认为这样做就维护了教师的形象。其实，效果适得其反。

还记得在我带的计算机某班里，我帮教的一名吴同学，他是一位特殊学生，前两年在成人中专读书，后因被原学校开除而转入我校。已有比较多坏习惯的他对学校校纪、班规不能严格遵守，学习缺乏主动性，学习目的不明确；上课无精打采，注意力不够集中，时有讲话；仪表仪容不能按学校要求做好，还因吸烟被学校记大过一次。他在校内外影响极坏，已经到了要勒令退学的地步。可以说，要帮其改变面貌，确实有较大的难度。

有一次，我校接到某初级中学德育处主任的电话，说他们学校有位女生与吴同学谈恋爱，导致该女生离家出走多日。得知此事，学校领导找到我，要求立即通知吴同学到德育处，并对吴同学进行严厉的教育。吴同学回到班级后，我一看到他就非常生气地说："你这个倒霉鬼，净没好事，让学校勒令退学算了，我也帮不了你。"吴同学这下气急了，没等我说完，他将班门用力一推，嘴里不知嘟囔着什么就走了。当时全班同学都看到了，我顿时觉得威严扫地，以后要管理本班就更难了，除非将吴同学开除出校。

一个星期后，那所初级中学的调查结果出来了，原来是那女生与其班内的吴姓男学生谈恋爱离家出走，知道我校有位吴同学，人人都认识，是“有名”的人物，就说是吴同学所为。我也没有去查清楚，没有向他了解情况，就定向思维地认定是他做的坏事。知道事情的真相后，我没有逃避责任、敷衍此事，而是选择在班会课上当着全班同学的面，将事情说明清楚，并郑重地向吴同学道歉。这件事情发生后，我班同学对我非常认可，我得到了全班同学的信赖，同学们也渐渐地变得听话起来，到现在还有许多同学每年来我家拜年，有空还常打电话约我一起聚聚。同时，吴同学也因此很感动，对我非常感激，完全信赖我。后来，在我的跟踪帮教下，他将坏习惯慢慢改掉了，还团结同学，积极参加班级活动，渐渐融入了班集体中，增加了班集体责任感，最后顺利毕业了。

事实证明，教师敢于在学生面前承认自己的不是，好处相当多：一来可以起到良好的表率作用，培养学生诚实谦虚的品质和鼓励学生文明待人；二来可以拉近师生的距离，消除师生之间的隔阂，与学生建立起和谐融洽的关系；三来可以取得学生的信任，提高自己在学生中的威信；四来可以不断提高自己的教育教学水平。教师也是人，也有犯错的时候，犯错不可怕，可怕的是犯了错而梗着脖子不认错。知错就改，方为上举。

总之，当教师出现失误时，要勇敢地承认错误并积极改正，这也是为师者必备的一种素质，也是教师的一种教育智慧。

给学生一个成长的空间

梁玉珍

我班的小何、小梁和小莹三位女同学在职校三年级时被安排到华润万家超市实习。这三位同学的岗位是该超市的收银员，经过几天培训后就要独立工作了。收银这项工作看似简单，其实需要高度的细心和耐心才能完成，同时还要有辨认真假币的能力。由于这三位同学在工作经验及认真程度等方面都有一定的欠缺，所以在收银工作中出现过收到假币和短款的现象。由于以上情况的发生以及这项工作经常要到晚上 11 点半后才能下班，对于学生来讲还是存在很大的安全问题的，所以小何同学和小梁同学的家长提出换岗的请求。我把学生及学生家长提出的问题及时向学校主任、华润超市的负责人反映。但过了几个星期后，此事还没有得到任何回应。小何、小梁和小莹三位同学情急之下很不理智地在同一天早上都没有请假就集体不上班。华润超市的负责人发现这三位同学没有上班，就打电话给这三位同学，但这三位同学都没有接听，紧接着，该负责人就打电话给我这个班主任。我再打电话给这三位同学，这三位同学仍没接听。没办法，我只好找她们的家长。在分别找到这三位同学的家长后，我请家长跟她们沟通，之后才联系到了她们。我请家长要求她们向华润超市请假或立即上班，她们依然没有做出任何回应，我找到她们后也叫她们先向华润超市请假或立即上班，她们同样不听劝说。我及时向学校反映情况及与华润超市沟通后，决定在当天晚上六点到华润超市开会解决问题。到会的有我班所有在华润超市见习的小何、小梁、小莹、小余、小曾、小慧和小李七位学生，学校刘主任、李老师，华润超市的林小姐、王经理等领导 4 人以及我，共 14 人。华润超市领导、学校领导跟我都对学生进行了教育，并对各种情况进行了详细分析。最后，学校刘主任要求学生再作认真的思考，在下周一（三天后）做决定。

在第三天晚上，华润超市做出新的用工安排：因小余、小曾、小慧三位学生对工作岗位没有异议，继续留在原来的工作岗位；而小何、小梁、小莹想调到其他岗位，但华润超市只有食品部门缺人，但食品部门的工作繁重，时间更长且更晚下班，更不适合她们三个女生做，只能安排收银工作。但这三位同学还是不愿意继续留在收银工作岗位上学习和工作，华润超市只好结束了她们在华润超市的实习工作。鉴于小何、小梁、小莹三位同学以上的表现，学校分别给予她们记两个小过的处分。

但实习还没有结束，学校又安排她们到更艰苦的顺达电脑厂实习。娇生惯养的三位女生开始时宁可被学校开除也不愿意到顺达电脑厂实习。后来我反复跟学生和学生家长做思想工作，她们终于同意到顺达电脑厂实习。但由于工作量大，时间又长，一周最多休息一天，学生又受不了，说要退出工作岗位，那我只能再进行反复的思想工作，同时反复地去家访。在老师和家长的不断开导下，小梁、小莹两位同学总算被说通了。而小何同学就是不愿意，主要原因是她家里是开饭店的，觉得拿不拿毕业证没什么关系。所以，在华润超市出现的问题在电脑厂又出现了，但电脑厂不满足她的换岗要求，她就不去上班。我与家长、级长只好再做她的思想工作，光是家访就不知道有多少次了，连级长和家长都说要放弃了，但我还是给了学生一次机会。我找到了她家族里最有影响力的人（她堂哥和堂嫂）给她做思想工作。经过三天三夜反复的思想工作，她真的被讲通了，又回到了顺达电脑厂实习。后面的实习她的表现还不错，最后去办公室做文员了。三位同学在老师和家长的鼓励下，经过自己的努力，终于克服了重重困难，完成了实习工作。

后来，我们分析了一下，发现这三位同学是希望全世界的人都听她们的指挥，或者说全世界都要满足她们的要求，否则就不干了。其实现在的学生或多或少都有这个毛病。我们做老师的必须要给学生足够的空间，真正把其思想工作做好，才能使学生有成长的空间，否则就会断送学生的前途。我们班主任要与时俱进，只有这样才能更适合当前学生的成长。

恐惧的背后

孙荣梅

第一次看到婷，她是个面容姣好、爱笑，且看起来是一个开朗活泼的女孩。遗憾的是，由于她小时候得过小儿麻痹症，留下了比较严重的后遗症，一条腿和一只手臂留下了残疾。她来找我时，说自己得了恐惧症。她害怕老鼠，现在连小虫也怕。我了解到她初次觉得害怕老鼠时，与她母亲有联系。但当我想要了解她与她母亲的关系时，婷却出现了阻抗。

一般来说，特定的恐惧都是后天形成的。初次咨询，表面上她是积极主动求助的，但她在潜意识里却是消极被动的，这种阻抗极有可能是了解关键信息的渠道和咨询的突破口。

谈话结束后，我及时向她的班主任了解她在校学习、与人交往的情况。据她的班主任反映，她的学习成绩在班上排前几名，平时性格活泼开朗，和其他同学的关系还不错。另外，她的父亲住在本地，是工厂的老板，母亲与父亲离异后住在老家北京。父亲现在已再婚了，她和父亲及继母生活在一起。特殊的家庭、身体的残疾，本身就是产生问题的温床，现在又出现恐惧情绪以及一些自己无法释怀的痛苦，我越发感到婷活得一点也不轻松。其实，她背负了很多人不曾体验过的重担。

从后来一次与婷的课后闲聊中我了解到她小时候的一些经历：一是父亲家的人重男轻女，她母亲把她生下来后发现是女儿，觉得压力很大，情绪也不稳定，听家里人说她生下来后母亲就不跟她睡一头，而是将她放到脚边睡。她虽然很小，但对这些事印象非常深刻。二是感到她的残疾是导致父母离异的重要原因，父母的离异给她造成很大的打击，使她更加对自己的存在价值感到怀疑，她一直想通过自己的努力来挽回父母这场失败的婚姻。

为了进一步了解她母亲与其恐惧情绪的关联，我现场布置了两个作业来让婷做：一是你觉得对你的生活和情绪影响最大的人是谁？二是把自己的困扰列一个清单，并按严重程度来排序。困扰清单由轻至重排序后的答案如下：①他人的眼光；②父母的离异；③母亲的不理解。从答案中可以看出，母亲对她情绪的影响最大，而恐惧情绪并没有出现在困扰列表中。这也正好说明婷的恐惧情绪有更深层的原因。

在充分收集了婷的基本资料的基础上，我从以下两个方面来进行辅导：

一方面，对其错误的认知进行矫正，对其缺乏的技能予以指导。在父母离异的问题上，婷背负了很多作为一个孩子不应背负的重担，她总认为自己是造成父母离异的主要原因，希望通过自己的努力来挽救父母的婚姻。负罪感和责任感是很多离异家庭孩子的共同情绪，而这种情绪非但对父母的婚姻无用，反而会严重伤害孩子的身心健康。在这点上，我明确地告诉她，父母离婚是父母自己的选择，作为子女不必去背负这个自己无法掌控的选择背后的责任，应该让自己坦然接受父母的选择。另外，她一直对自己是个女孩而对家庭造成了不好的影响耿耿于怀。在这点上，我首先让她明白自己是女孩不是自己的错，现代社会男女平等，重男轻女的思想本身就是错误的。

另一方面，助其寻找自身资源，重建安全感。经过几次的问询，我慢慢理清了其恐惧情绪和母亲之间的关系：小时候存在的被抛弃感在自己得了小儿麻痹症后更加强烈了，她内心的核心恐惧是怕失去母亲的爱，因此，基本的需要变成了对安全感的渴望。这种恐惧和需求一直存在，在一次对老鼠的恐惧经历中，就让老鼠与这种核心恐惧建立了联系。因此，一方面可以用系统脱敏的方法来应对她对老鼠的恐惧情绪；另一方面，处理其核心恐惧才是解决问题的根本方法。

在重建其内心安全感的问题上，我采用了“内在小孩”的方法。首先，协助其找到自身目前拥有的资源和力量：第一，自己能清楚地知道自己想要什么样的生活，并且排除一些困扰去追求自己想要的东西，意识到自己命运的掌控者是自己。第二，在清楚自己想要什么的前提下，遇到困难时才能积极寻找外援，由于自己性格中有善于与人沟通的优点，所以知心朋友多，心理老师也是自己支持系统中的重要方面。第三，自己的学习能力很强、兴趣广泛、思维能力强，学习的又是自己喜欢的计算机专业，这些都为实现自己的目标奠定了坚实的基础。然后利用自身目前拥有的资源，在浅催眠的状态下去帮助那个内心充满了自责和恐惧的“小孩”，让“内在小孩”在多次帮助下渐渐地走出安全感缺失的状态，获得成长。只有“内在小孩”的情感得到了满足，婷的核心恐惧才可能得到缓解，并且我才能渐渐填补她缺失的安全感和修复她的自卑感、自责感。令人欣慰的是，经过几次练习后，婷已经清楚怎样找到“内在小孩”，并且帮助其成长。这个过程是一个自助的过程。而更让人欣慰的是，婷已经知道怎样去帮助自己。

经过几次心理咨询，婷对小动物的恐惧明显降低了，更重要的是，她说她找回了真实的自己，且找到了面对生活的力量和自信。

在婷的个案中，我很庆幸自己没有简单地根据自己的经验来判断她的恐惧症状，而是充分地了解婷的生活背景，发现她对老鼠的恐惧只是其安全感缺失的一个表象而已，因此，如果单纯处理其对老鼠的恐惧，就难免失之片面和肤浅。

通过对婷的恐惧的处理，我感到心理咨询的真正意义的确在于来访者要深入了解自己，并发掘利用自身的资源以实现自助。而咨询师的工作则是协助来访者达到这一点。作为心理咨询老师要相信，学生本身的潜能可以解决自身面临的问题。心理咨询老师永远只能是协助学生心灵的成长。

直面挫折　经历成长

黄志宏

到今天，我还记得三年前领着两位学生到德育处去接受自行车偷窃案调查的经历，其中一位学生就是他——班上的团支书小曾同学。他是一个单亲家庭的男孩，母亲早在他上初中时就离开了，而父亲日常的工作也不太稳定，而他的生活花费也较大，由于个人一时的贪念，他就协同几位朋友偷盗校内的自行车变卖。被发现时，他还是很诚恳地承认了自己的错误，而且学校也鉴于他日常的良好表现，决定给他记大过处分，并考查一年的行为。

自那件事以后，我也感觉到他在努力地改变，在学习上和工作上都很认真。但与此同时又发生了这样一件事。班级的卫生委员小彬同学由于发现值日生的工作没有按要求完成，就领着两名同学去处理，回来后小彬把手机放在课桌里就去实训车间上课了。结果两节课后，我接到了班长的电话说，小彬的手机被偷了，现在手机已处于关机状态。我立刻就找到了班长和小彬了解情况，结论是手机被盗应是发生在小彬离开教室去实训室的那十分钟内，应该是班级同学所为，而当时就只有三名学生在教室内，分别是班长、小吴和小曾。

我的第一项工作就是让小彬明白自己在保管个人财物时有不当行为，对于自己的过失应清楚后果，即手机可能找不回来，他应先反省自己的问题，我再及时地安抚他的情绪。

第二项工作就是发动全班同学的力量，通报班级已发生的事件，让同学们通过周记把那十分钟所记忆的信息反映出来，同时了解一下班级学生对班内有小偷行为的态度。

第三项工作就是向小偷表明我的处理态度：对于偷窃行为必须严惩，希望班内有行为不当的学生能主动交还手机，那么事件就只在班内处理。

我认真地看完同学们的周记，大家因班内有如此小偷，心中都感到十分不安。同时，有部分同学也认准了小曾同学就是偷窃者，也有同学认为是小吴所为，而唯独班长没有被怀疑。其实，通过我对整个事件的分析，心中早就有了明确的答案，但没有证据，并且我还是希望盗窃的同学能主动交还手机。

我找到了小曾同学，首先我向他反映了班级同学对他的怀疑，而且了解到他在昨天也刚丢掉手机的事情，其次就是班级有同学认为他曾有偷盗行为，认定偷手机事件可能与他有关，希望他考虑清楚应如何处理手机。他当时还很坚定地表示，班级有这样的人很可耻，自己绝对不会是这样的人。我心里非常难受，因为我觉得真的很可惜，为什么曾经这么优秀的一名学生，会变成现在这样呢？同时，我也十分气愤，真不知道如何才能让他认识到自己的错误。

我还是尽量压制自己的情绪，冷静下来思考。即使事情就是他做的，他也需要一个台阶去处理这件事情，我也觉得如果他当众承认了自己的错误，可能真会引起整个班级的同学对他的攻击。因此，我想通过其他办法让他既能承认自己的错误，又能让班级同学消除对他的负面情绪。当天下午，我就给小曾的家长打了个电话，了解情况，并让家长配合我观察小曾同学是否晚上拿着一台摩托罗拉的触屏手机，如有请电话联系我。结果晚上 8 点钟左右，小曾同学的家长就来电话了，正如我所料，小曾同学在家根本就没有防备心理，当时我并没有与小曾同学谈论这件事情，因为我只需要知道手机还在他手里就行了。

第二天早上，小曾同学很早就来到办公室找我，其实他心里也明白这事情无法狡辩。我语重心长地跟他说：“我知道你丢掉手机很难过，但也不能通过同样的做法去伤害别人，而且那个人就是你每天面对的同学。我相信如果你把困难说出来，同学们一定会帮助你，而并不是用现在这种带有怀疑的目光。我希望你能自己想办法把手机交还给小彬，把昨天的事情处理妥当，如果你需要我帮助的话，我也很乐意帮助你。”他的目光停在我的脸上，好像觉得事情并不如他所想的那样发展。过了一会儿，他吞吞吐吐地说：“老师，这次我真的错了，我真的不应该这样对待自己的同学。我当时心中歪念一起，就从课桌里拿走了手机。我只想补偿自己的损失，完全没有想到会伤害到别人，更没有想到会引起全班同学的愤怒。”说完，他的泪水就落了下来。

真正让小曾同学明白自己错误的，并不是来自严厉的处罚，而是来自他内心的罪恶感。学生犯错本身就是一件平常的事，很多时候除了纪律教育外，更多地还需要理解学生的动机，谅解学生的行为，同时让学生换位思考。正因为理解到自己的犯错对别人造成了伤害，才能纠正自己不良的心态和恶习，从而使一个人真正成长起来。

宽容也是一种关爱

刘建军

用宽容的态度去对待一个犯错的孩子，用宽容的心去抚慰一颗受伤的心灵，用宽容的爱去博取更多的信任、理解和尊重，这种教育方式往往会收到意想不到的效果。在跟毕业之后走上工作岗位的那些所谓的“后进生”的交往中，从他们的言语中，我感觉到他们对老师宽容教育的理解。当学生说起在校时他们的种种表现及对老师宽容教育的感激时，我都会感觉到很欣慰，觉得宽容这种关爱方式对学生的思想指导的确能够起到独特的作用。

学生小鹏随打工的父母从广西来到我校上学。由于家里兄妹很多，父母的经济压力很大，所以父母对他关心很少。他每天来学校，但无心上学、上课经常睡觉、不交作业，在与同学、老师的交往中，喜怒无常，见到他时，我真是很伤脑筋。开学初，安排清洁任务时，我让他和其他三个同学打扫教室，他看到了任务，却坚定地拒绝了。我问他：“其他同学都没有意见，为什么你有意见?”“我不想做就是不想做。”我一听火冒三丈，但一想到他很多时候无意中流露出的那种无助眼光时，我克制住自己的怒火，再好好地问他：“你可以做什么呢?”“我可以帮忙整理课桌。”听到这句话，我松了口气（真怕他说出他什么也不做）。我马上肯定他，给他以鼓励，我说：“我知道你是好样的，不会让我为难的，相信你一定能完成这项工作。”刚开始几周大清洁时，他都很好地完成了任务。但到了第四周大清洁时，班上的卫生委员向我反映，小鹏又没有参加清洁。我听到后，没有马上批评他，而是向他了解原因。他告诉我，他的父母回老家了，就剩他一个人在家，于是不想上学了。我首先肯定了他的独立能力，一个人在家也能管好自己的吃住，很了不起；做到上学不迟到，很值得同学学习。然后，我再问他："不上学了，你能做什么工作呢?"他低下了头，沉默了一阵子之后说："不知道。"这时我就帮他分析，这个时候不上学，他自己什么也不会，以后的日子会很难过的，我想让他认识到在校学会一技之长的重要性。他听了之后，时而点头，时而默不出声，但我从他的眼神中分明看到了一种力量。他在那周的周记里这样写道："老师，对不起，以前我在班上做了很多对不起同学、老师的事，我知道错了。我做了错事，你不批评我，反而帮我找原因，谢谢你。以后我会做得更好的……"看到这篇周记，我心里久久无法平静，没想到换一种方式处理问题，竟然能收到如此令人满意的效果。这个大家公认的坏孩子，其实一点也不坏，只是我们平时批评的多而关心的却太少。从那以后，我再也没有见到他不做清洁、上课睡觉、不交作业了。最后，他以合格的成绩，顺利地完成了学业。是什么转化、教育好了这个学生的呢?我想，这也许就是宽容和呵护的结果吧。这件事启示我们：用真爱去宽容每一个孩子，宽容那些不被赏识的孩子，只有做到了宽容，我们才有可能真正了解那些很多时候被表面掩盖的璞玉，才能成功地雕琢出一块美玉。宽容应该成为职校教育不可或缺的一种方式。

有人说，"宽容就是被践踏的小花所散发出的芳香"。育人路上，多一些宽容，就会少一些心灵的暴力；多一分宽容，就会多一分理解，多一分信任，多一分友爱；多一分宽容，就会有更多的关爱和培育，就会有更多的美丽和阳光。

信　赖

金　倩

上帝说：每一个孩子都是坠入凡间的精灵，如果你生下了他，那你就有责任让他幸福快乐。是啊！每个孩子都是可爱的，自从我自己也为人母之后，我越来越懂得这句话的意义。虽然每个孩子都会任性、犯错、发脾气，可是他们真的给我们带来了很多的快乐，我一直把我的学生当成是天使，我爱他们、疼他们，给他们老师的爱、母亲的爱。

在我刚刚接手综合 113 班的时候，有这样一个女孩引起了我的注意：她有白皙的皮肤、秀气的鼻子、饱满的小嘴，真的很美，可是她漂亮的外表下一双大大的眼睛却透露着倔强。那一天刚分班，我们要打扫卫生，临时没有做出具体的安排，所以我就随意指派了几个人，每个人都按照我的要求干得很认真，当我给她分配任务时，她只是冷冷地坐在座位上不说话，我又叫了她一下，她还没有反应。当时我很忙，有很多事情要处理，于是就把她的任务分给了别人，虽然嘴上没说，可是在心里，我对她的印象大打折扣。经过了一段时间的磨合，大家都已经适应了新的班级、新的同学，下课的时候会在一起打打闹闹。我是一个比较开明的班主任，学生有什么事情都会和我聊一下，或者向我倾诉一下他们心中的烦恼。唯独她还是那副冷冷的样子，仍旧经常一个人坐在座位上，不和任何人交流。我留意到了这点，就向学生打听她的情况：她是一个典型的留守少年，悲苦的是别人的父母怎么说都是为了自己的孩子在外面打拼，而她却是个没人要的孩子。她的父母在出去打工后就离婚了，分别组建了家庭，又有了孩子，她则被“扔”给爸爸。之所以说是“扔”，是因为她的爸爸从来都不管她，只是在她去要生活费的时候给点钱，零用钱是没有的，心情不好时连学费都要拖很久才给，她很犟，又不肯低头，所以什么事情都不和她爸爸说，而是自己处理。

我也是母亲，听说了这些，我再也坐不住了，我要去帮助她，起码要让她快乐起来！上课的时候，我经常提问她，她很聪明，每次都回答得很好，我让同学们送给她热烈的掌声；下课的时候，没人和她说话，我就故意走到她面前，逗她一下，她有时候会笑，笑的样子很美，像雨后晴朗的天空。这时候我会说：“你好美，要经常笑哦！”同学们看到我关注她，自然也就主动和她交流了，她没有拒绝，可还是那副冷冷的样子，不太出声。我决定做些什么，来触动她的内心，让她知道什么是爱。

5 月 10 日是她的生日，我知道了之后，为她策划了一个简单而隆重的生日会。那天晚自习结束后，同学们想办法把她骗到了外面，在她进入教室之后，小礼花喷向空中，一个由我亲自编的花环戴在了她的头上，同学们唱着生日歌，手里端着一个漂亮的蛋糕。在蜡烛的映衬下，她的脸更加美丽了，我们大声喊：“吹蜡烛！许愿吧！”她闭上了噙满了泪水的眼睛，许下了一个美好的愿望！然后她一把抱住了我，泪水沾湿了我的衣服，叫了一声：“老师！谢谢你！”全班同学也都泪如雨下。她哭着说：“我从 6 岁起，就没有过过生日了，谢谢你们！那天我不是故意不动的，我发烧了，头疼得厉害，没钱买药，只好坚持来上学，您叫我的时候我不是不想动，是没力气！”那一瞬间，我觉得一切都值得了，是的，我相信她是有原因的，我一直坚信她是个善良的孩子，我的等待是值得的！她终于向我敞开了她的心扉！

信赖，往往会创造出意想不到的结果！我庆幸自己当时没有批评她，庆幸自己当时很忙。不然，那颗小小的、本已受伤的心就再也不会对别人敞开了。我相信她是善良的，相信她不理别人是有原因的，所以她回报给我的是她最可贵的信任！

由心开始，感悟班主任工作

王　莉

在这几年的教师工作中，我既是班主任又是任课老师。在做学生工作时，酸甜苦辣各种滋味都有。作为班主任，我会因为学生的一点点进步、一点点成绩而感到欣慰，会为自己的付出得到回报而高兴；也会因为学生的任意而为、随便犯错、不喜欢学习、经常旷课而感到茫然，有时会有一种很强的无力感。随着几年工作经验的累积，在经历了学生的各种突发问题后，在处理学生问题时，我已经有了很大的突破。

在我的班级中有一个来自单亲家庭的孩子。他跟随母亲生活，但是，因为工作的关系，他的母亲经常晚上加班，对他疏于管理，久而久之，他就养成了很多不好的习惯。比如，经常和别的同学晚上去外边玩，经常上网打游戏等。此外，他的学习态度散漫，成绩比较差，上课时爱讲话，经常有小动作等等。

从开始上高中时起，他的这些缺点就有所表现了。在军训的过程中，他就有一些不良的表现。而在平时上课时，他的纪律性比较差，在课堂上经常与同桌及周围的同学做小动作、讲话，偶尔不讲话了就是在睡觉。经老师多次批评教育后，仍无转变，不思进取。我花了一些时间，不定期地和他聊天，聊天涉及的范围比较广泛。首先，我了解到他不想学习的根本原因。原来是在初中时，老师把好的学生和不好的学生分开来，久而久之，他对学习就失去了兴趣。在这种情况下，我就有意识地在我的课堂上让他来回答问题，让他慢慢地认识到自己的价值。现在，他在数学课上是比较积极回答问题的。而且，在回答问题时，我能够感觉到他的自信。另外，在课堂纪律上我也让他意识到，不守纪律是不对的，因为那样会影响其他同学，当然，简单的说教是没有太大的作用的，我结合几件事例，让他自己来说一下看法，经过几次这样的尝试后，我发现他在课堂上的表现有所转变了。

他在家中的情况我也做了了解，一方面，我从思想上教导他要如何去做，另一方面，我和他的母亲交流过，让她多关注孩子的发展。后来，他在外游荡的情况也比较少了。

在和学生们的接触交流中，尤其是在做他们的思想工作时，我的感触很多。首先，我意识到他们都已经有了较成熟的思想，他们能够用心想问题了。所以，我和他们谈话，总是先把我的立场很明确地告诉他们。这样，谈话就比较轻松了。我鼓励他们讲出自己的见解。其次，让他们思考自己想要做什么，让他们意识到要得到他们想要的结果是要有所行动与付出的。

作为班主任，这样的事情还有很多，我相信，随着时间的流逝，我会更好更成熟地处理学生之间出现的问题，让学生们在学校这个大家园中，都能够学有所成，能为将来人生的发展打好基础。

让阳光般的微笑常挂在脸上

王永鉴

五月的一天，我走进教室开始上课。正讲得全情投入，学生们也在聚精会神地听课时，突然发现小罗和小周边说边互相传递纸条。看到他们的举动，我讲课的热情顿时降到了冰点以下。我来到他们身边，可他们却全然不知我已经站在旁边了，还在专注地写着什么。我厉声训斥，并狠狠地瞪着他们，看都没看纸条上写着什么，就随手夺过扔进垃圾桶里。他们俩没有说话，只是尴尬地看着我，一声不吭。当时我想："好！看我怎么收拾你们！"放学后，我意外地收到了小罗的短信。他说："老师，当时我们在讨论语文课为什么慢慢地让我们感到没有意思了，没有别的意思，请原谅！"确实，当时我没有找自己的原因，而只是一味地责怪学生，难道自己的课堂真的没有吸引力了？我也真没想到，自己一时的冲动可能会伤害了两个学生纯真的心。

夜深人静时，我看着学生的短信，心情十分沉重，教学中的点点滴滴一一涌上心头。一直以来，我都相信每个孩子都有闪光点，但是，每当上课看见学生交头接耳，在课堂上无精打采和批到糟糕的作业时，我就全忘了他们的闪光点，对于升大班的学生，我真有一种恨铁不成钢的失望，于是才会像今天这样忍不住咆哮起来。久而久之，学生就在我严厉的目光下开始躲躲闪闪了，在我不在时开"茶话会"，不管我有多努力，始终没看见自己所希望的"风平浪静"。

今天我才明白，学生需要的是理解、沟通，需要的是老师从心底流淌出来的温情关怀。教育不仅仅是知识的传递，也应该是智慧的碰撞、情感的交融。课堂也不应该是一座精心修筑的围城，而应该拆除围墙，让学生感受生活的美好，呼吸鲜活的空气。

我静下心来仔细思考，终于豁然开朗。记得教育家杜威说过，“给孩子一个什么样的教育，就意味着给孩子一个什么样的生活”。那么我们该如何去教育学生，给孩子们一个怎样的课堂呢？我想，作为一名教师，首先要善待孩子，给孩子一个充满人文关怀的课堂。可以想象，一个没有情感的老师，是无法调动学生的学习热情的，也无法陪孩子度过“激情燃烧的岁月”。一个充满激励、充满赏识、充满尊重、充满期待的课堂是民主、平等的课堂。如果我们给孩子们一个充分展示自我的舞台，我们的语文课就会变得生动有趣。其实，孩子的想象力是极其丰富的，一旦他们情感迸发，思维产生碰撞，擦出火花，就会听到许多令你始料未及的答案。孩子们的想象力、创造力也会在这样肥沃的土壤里生根、发芽、茁壮成长。用肯定、欣赏的语言鼓励学生，给学生多一些信任的微笑、多一些激励的语言，学生就会更加自信、自强，会不断地追求成功。

助“佛祖”战胜“魔鬼”

区颖勤

人性本善，还是人性本恶？这是一个永恒的论题，而我更倾向于认同后者。因为在我们这样的职业中学里，实在是可以举出不少“人性本恶”的例子来。例如，搞清洁卫生的时候，很多同学都会想着去偷懒。上课的时候，很多同学都会选择舒适地趴在桌子上。人总是这样的，很容易懒惰，很容易对自己放松要求。如果我们说“恶”是由心中的魔鬼驱使的，那么我同样相信，每个人心中都会有一个佛祖，让我们向“善”。关键是，“佛”与“魔”谁胜谁败。

我们班有这么一个学生，叫小璋。那一年，我班的班风分数总是在年级排名靠后，他“功”不可没。几乎每天上学他都会迟到，而且上课睡觉，下课躲厕所抽烟，有的时候我会想，他到底来学校是干嘛的？

根据我的了解，小璋的自控能力极差，平时晚上在家吃过晚饭后就会出去跟朋友玩，一玩起来就会变得比较疯。他很喜欢打桌球，从学生的口中得知，他有一次晚上 12 点多骑二十多分钟的自行车去找他的朋友打桌球，可以想象他有多贪玩。就算不让他外出，早早把他赶上床睡觉，晚上两三点的时候他又会悄悄地爬起来玩电脑。对此，他的家长也极其无奈。除了我把他家长请来学校，或是级长跟他谈心之外，我个人找他聊天更是成了每周的任务。想了很多办法，动用了各方资源想转变他，但收效甚微。

有一次，小璋一整天都没回学校。据平时的观察，虽然他很调皮，但是他绝对不会无故不回学校，会不会是路上出了什么问题呢？我马上打电话给他的家长，但是打了很多次都没有人接听。第二天，小璋一回到学校，我就马上把他叫到了聊天室。“昨天怎么没回学校呢？去哪里了？”我把语气尽量放轻松，试探着问。他没有说话。“你平时可不会这样无故缺勤啊，旷课这么多可是要受处分的。”我加重了语气。可是，他依然不理不睬。“你态度这么差，我可要把你家长请来学校了。”我有点生气了。听到这句话，他把头抬了起来，犹豫了一下，还是说话了：“我妈妈昨天进医院了，我去了医院照顾她。”

啊！原来是这样。为了防止我打扰他住院的妈妈，他的态度马上就改变了。他逃课，也是为了去照顾生病的妈妈。了解到这一切后，我仿佛看到了一个教育的契机。我搬来一张凳子，让他坐下来，我把语气重新放缓说：“哦，原来是这样的，你早点跟我说嘛，老师不怪你！”听到这里，他把头又往上抬了一下，眼里有了点光彩。我问：“你很担心你妈妈吧？”他点点头。“走吧，我跟你一起去看看你妈妈。”说完，我就往外走。他的眼睛睁得大大的，好像不敢相信这话是从我口中说出来的。

我跟他办理了相关的请假手续后就来到了医院。在医院里，他为妈妈倒水打饭，忙前忙后的，看着他看向妈妈那关切的眼神，我知道他对这个“孝”字看得很重。

回到学校后，我趁热打铁。我肯定了他照顾妈妈的想法是很好的，很有孝心，但是也批评了他没有请假，办事的方式方法有失考虑。我语重心长地说：“小璋，现在你妈妈生病了，你可不能让她再为你的事担心啊。”他点了点头，轻轻地应了一声“嗯”。那天我跟小璋聊了怎么照顾他妈妈，怎样在纪律上做好，怎样不让她担心，怎样让她感到高兴，聊了很久也很多。最后，看着他那若有所思的神态，我知道，他肯定有所感悟了。

果然，第二天他破天荒地准时来到教室．每次需要去医院照顾妈妈时他总是先到我这里办好请假手续。为了照顾妈妈，他跟那些玩伴也少了来往，每天早早地休息，上课时的精神状态也好了许多。

《德川家康》这本书中说：“人的心中，佛祖和魔鬼并存，无人心中只有佛祖，也无人心中只有魔鬼。千万不可和魔鬼打交道，否则，自己也会变成魔鬼。”我们作为一名教育工作者，最重要的就是要抓住点滴机会，唤醒学生心中的“佛”，给予他们力量，让他们充满正能量，助他们战胜心中的“魔”。

寻找那双发现美的眼睛

高嘉慧

苏联著名教育实践家和教育理论家苏霍姆林斯基曾说过，“世界上没有才能的人是没有的。问题在于教育者要去发现每一位学生的禀赋、兴趣、爱好和特长，为他们的表现和发展提供充分的条件和正确引导”。作为一名班主任，职位小而使命大，我们做出的每一个小决定，都可能会影响一个孩子的一生，进而影响一个家庭。所以，班主任的工作要细致入微。

我们班的卢同学一直是班里的后进生，纪律观念差。从开学到现在，迟到、上课睡觉、玩手机基本上就成了他在学校做的全部事情。他的性格火暴倔强，听得了表扬却受不了批评，开学军训的第一天就顶撞教官。在这一个学期里，班上几乎所有的科任老师都向我这个班主任投诉他的“罪行”。在开学第一天的班会上，他公然拿着手机塞着耳机听音乐。根据学校的规定，我得去没收他的手机，当我让他把手机交给我的时候，他拒绝了，态度还非常强硬。因为是刚开学，而这个班又是我新接手的，为了能起到“杀鸡儆猴”的作用，我没收手机的态度也是非常坚决，卢同学最后只得把手机交给我，但他的眼睛里却充满了敌意，像是恨不得把我生吞了。我深呼吸了一下，压制住心中的怒火，冷静地走开了。第二天早上，我在我们隔壁班上完课后，刚走出来，卢同学远远地就冲着我喊了一句：“老师，我的手机能不能还给我啊？”我坚决地说：“不能，根据学校的规定，我至少要没收你的手机一个星期，直到你写好了检讨书，让家长签完意见才能还你。”卢同学接着说：“我不写，我不识字。我是给你面子才问你拿手机的，以前在初中的时候，我都是趁老师不在的时候直接去他的办公桌上偷回来的。”听到这句话时，我心里真的有些生气。不过我又一次压制住了自己胸中的怒火对他说：“你先回课室去吧。”他一转身就走了，走的时候还不忘瞪我一眼。

也许这就是我们常说的逆反心理吧。这种心理状态在中职学生，尤其在“春招”生中较普遍，后进生一旦产生逆反心理，他的消极态度和厌恶情绪就会加剧，甚至会与老师产生严重的对立情绪。此时的我也应该冷静下来认真反思自己的教育方式是否符合卢同学的性格和心理承受力了。由于这只是开学的第二天，我对卢同学的性格及各方面的情况都还不了解。于是，我决定静下心来，平静地与他谈一次心，聆听他的想法、了解他的性格。后来，经过了解我知道了他有读写障碍的问题。我认为学校与家长的沟通也很重要。于是，我又打了电话给家长，在电话里，我证实了该生确有读写障碍的问题。原来卢同学在很小的时候曾经摔到过脑袋，所以才会出现读写障碍的情况，脾气暴躁也是这次事故留下的后遗症。

我把这个情况与科任老师沟通了，他们也都很同情他，在课堂上都尽量给他开绿灯，文化课的作业也让他有选择性地做，重点抓他的专业实操课。也许我们的做法不适合卢同学，据科任老师反映，卢同学不仅在课堂上没有好的改变，反而还变本加厉起来，知道科任老师都非常关照他后，他就更放肆了。

老师有的时候真像医生，对待学生就得对症下药，药下错了，病情就会更严重。如果我们这时候放弃的话，卢同学也许就真的“没救了”。我必须给他“换药治疗”，我尝试去发现他的优点。经过半学期的观察，我了解到卢同学有唱歌方面的特长，虽然他有读写障碍，但在歌唱方面却有天赋，一首歌曲听几次就能把歌词给背下来，而且音准很好。但这一优点，卢同学自己显然也没有发现。对于这一发现，我惊喜万分，我鼓励他唱歌，并给他创造演唱的机会，让他树立自信心，待他对自己有了自信后，再鼓励他学习。据科任老师反映，卢同学在下半学期有了明显进步。由于卢同学的读写障碍使他从小就丧失了学习的自信心，从小学到初中都被老师批评和同学排挤，久而久之他就认为自己是一个一无是处的人，因此想通过违纪等行为来让大家关注自己。对待青少年的逆反心理，我觉得作为班主任必须认真、冷静地分析。由于青少年的心理发育特点，他们产生逆反心理也是正常的现象。我们不必大惊小怪，也不要感到束手无策，更不能以强制、压迫和放弃的态度来对待。在日常的教育中，我们作为班主任也应努力采取符合该生心理特点的教育方式。

法国著名雕塑家奥古斯特·罗丹说过，“生活中从不缺少美，而是缺少发现美的眼睛”。作为班主任，我们缺少的不是爱心和耐性，而是缺少发现学生优点的眼睛。我们爱每一个学生，要找到他们身上的闪光点，把优点放大，把缺点缩小，这样才能达到教育的目的。班主任的教育工作没有固定的模式，需要因人而异、随人而变。但唯一不变的是，我们都需要有一双能够发现美的眼睛。

下编

赋玉灵气　感受幸福

感受幸福

周　玲

那天天气晴朗，职校一年级开了家长会。会后，陆陆续续有家长留下来询问自己的小孩在学校的情况，等大家都散了之后，小霞的妈妈却还在。刚叫了一句“周老师”，突然就声泪俱下了。

小霞父母是四川人，家里条件不好，为了养育儿女孝敬老人，在小霞出生后不久就到广东打工。小霞自幼跟爷爷奶奶在老家生活、学习。今年小霞上高中，父母把她接来广东读书，原以为给女儿创造了好的生活、学习环境，但哪里知道，女儿每周六回家，连叫也不叫父母，更别说聊天了。如果父母问起学校的事，小霞总是以一句“你们知道那么多有用吗”来打发他们，然后就把自己关在房间里。小霞妈妈很委屈，自己这么多年的辛苦换来的却是女儿的冷漠！

一个巴掌拍不响。小霞和妈妈多年不在一起，有些疏远、没话说是很正常的，小霞有问题，小霞妈妈肯定也存在问题。为了详细了解情况，我安慰了她几句，然后答应她我会尝试跟小霞聊天，找找双方的问题所在，并与她探讨怎么缓和与父母的关系。

小霞回学校后，我约她到学校操场。我们坐在青青的草地上，悠然地晒着太阳，我以一句“小霞，来广东三个多月了，还习惯吗”开始了我们的聊天。因为我也是四川人，所以用家乡话聊天彼此都倍感亲切。慢慢地，我把话题带到了家庭上。通过跟她聊天，我了解到她对她妈妈有一定的成见，因为这么多年来她一直做留守儿童，平时她也很少打电话给她妈妈，即使打了电话也多数是要生活费。来到广东之后，她妈妈总是以命令的口气和她说话，要求她做这做那，小霞最不能容忍的是周末她妈妈还不让她睡懒觉，一大清早就叫她起床。针对她说的问题，我帮她做了深入的分析：“首先，你妈妈出来打工是生活所逼，迫不得已，你以为她愿意背井离乡出来打工，没有亲情、没有友情、没有地方倾诉吗？你知道你妈妈作为一名普通打工者在工厂里受了多少委屈、受了多少白眼吗？为什么她还是坚持在这里并且把你接过来呢？其次，你妈妈的教育方式跟奶奶可能会有不同，你妈妈已经40多岁了，她的教育方式可能也不太适合你，但是这就表明她不爱你了吗？你妈妈在家长会后找了我，声泪俱下，因为她很伤心，感觉自己和女儿不亲，这是为什么？不就是因为她在乎你吗？再次，妈妈叫你起床，是为了什么？不也是为了让你能有热乎乎的早餐吃吗？如果你不想起来，你可不可以重新选择一种方式而不是躲在被窝里听而不闻？而且更不应该怀恨在心吧！”

说着说着，小霞的眼眶红了。我抓住这个机会，继续动之以情，晓之以理。我举了我自己跟妈妈相处的例子给她听，也举了我想孝敬我的父亲而我的父亲却已去世的例子给她听，让她明白，自己已经跟妈妈离开十几载了，再不懂事些，说不定就晚了，万万不可等到“子欲养而亲不在”时再来后悔。

我们的谈话进行了将近一个小时。最后，我们共同研究出了与父母亲和谐相处的方法：首先，每周六回家，先叫一声“爸爸妈妈，我回来了”。一句简单的问候往往能够温暖到彼此的心灵。其次，在吃饭的时候，主动跟爸爸妈妈聊聊在学校发生的事，比如今天我们体检了，我的眼睛有问题啊；或者今天我们测验了，我考了多少分啊；或者今天我们班级搞了活动，我们小组被惩罚了呀，等等。其实只要愿意聊，一定会有好多话想跟爸爸妈妈说的。有共同的话题，双方的感情才会更深。再次，如果不喜欢妈妈周末叫你起床，就好好跟妈妈说，平时在学校很辛苦，周六、周日想多睡一会儿，相信父母都可以理解的。和平地解决问题而不是冷战才不至于让双方的关系那么僵。最后，如果有时间，帮爸爸妈妈做点家务，一边做一边聊天，甚至开开玩笑，让爸爸妈妈觉得女儿真的长大了！

聊完天，我跟小霞达成协议——以后每周一回学校，跟我汇报在家里的表现。然后，我目送小霞回教室，看着她娇小的背影，我心里泛起阵阵酸楚。十几年没跟父母在一起，能没有代沟吗？这样的情感缺失，该要多久才能补回来啊！于是我又立即给小霞的妈妈打了电话，给她一些建议，如不要对孩子太凶、周末让她好好睡个觉，等等。

接下来，我就开始期待第二周星期一的到来，想看看这次谈话有没有效果。

然而，在星期六的晚上，我意外地接到了小霞妈妈的电话。

电话那头，小霞妈妈很是兴奋，声音里洋溢着喜悦。她说："周老师，谢谢你！真的很谢谢你！小霞这周回来完全变了一个人……"

那一刻，我深切地体会到了做班主任的幸福！因为心与心的交流可以改变一个人，甚至可以改变一个家庭的生活！

我喜欢这份平凡的工作，更喜欢看到孩子们点点滴滴的进步！

痛并快乐着

李 飞

我出生在农村，在艰苦的环境中成长的我早已习惯了被艰苦生活煎熬的痛苦，后来经过自己不懈的努力考上了大学，毕业后成了一名职业学校的教师。在平凡的班主任工作中，每当我在班级管理和学生教育工作中遇到困难和挫折的时候，我都会在内心不断地激励自己，要多想办法，绝不能逃避；再困难的事情也一定会有解决的办法，要用积极的心态去面对。尽管这个过程异常艰苦，有时候甚至感觉很痛苦，但是，每当通过自己的不懈努力，能够为学生的成长提供指引和帮助的时候，我的内心深处总能感到无比的快乐，正如著名歌手齐秦那首经典的歌曲《痛并快乐着》中的歌词所描述的那样，“痛并快乐着、快乐着，恨、恨且爱且狂，痛并快乐着、快乐着，不理不问啊不想，恨极生爱、爱极又生恨，爱从苦的最甜里来”。

2010 年 9 月，我有幸担任了汽修 102 班的班主任，这也是我第一次担任班主任，由于工作经验缺乏和工作方法上的缺陷，我在班级管理工作中无数次陷入痛苦之中。后来，经过向多方取经、学习和自己的辛勤努力，我终于在班级管理和后进生教育转化方面有所收获，并且感悟良多。

小黄是我班上一名性格倔强、讲义气的学生，有点像江湖大佬，言行举止喜欢我行我素，不喜欢受约束。小黄的家庭条件优越，而且有社会背景，从小被父母亲过于宠爱，这导致他的性格骄横跋扈，一直以来都是令班主任和科任老师最头疼的“问题学生”，对老师的教育也是软硬不吃。

他曾经因为学校对他的仪容仪表的管理要求过于严格而不满，进而叫亲戚打电话到教育局投诉学校，导致学校德育处主任向教育局写了份《情况说明书》来说明具体情况，才解决了此事。对这样有个性的学生的教育，我一直都非常谨慎，生怕弄不好，不仅起不到教育的效果，反而会把师生之间的关系弄得更僵，不利于班级的建设管理。我要等待最合适的教育时机。

终于，机会降临了。有一次小黄因为旷课而被我找来谈话，我感觉到小黄的情绪非常低落，默不作声，与平时形成巨大反差。直觉告诉我这一次的情况不一般。在我再三询问他旷课原因的时候，他一直情绪低落、一言不发。我鼓励他说明实际情况，因为中学生犯错是在所难免的，关键是要以真诚的态度说明实际情况。在我的不断鼓励下，小黄突然情绪失控说："我妈妈心脏病发作入医院急救了，我怎样告诉你？"然后他失声痛哭、泪流满面。当时，我感到很难过，因为自己无意间触碰到了他最敏感而又脆弱的神经。长时间的沉默对视之后，他非常诚恳地说："老师，希望你能够为我保密，我不希望班上同学知道我母亲病重入院的事情。这次旷课是我不对，我当时应该打电话向你请假，我保证以后这样的情况不会再发生了，我会改正的。"多么懂事的孩子啊！我默然应之。我安抚着这颗受伤的心灵，希望他能够尽快成长、成熟起来，能照顾家人，减轻家人的负担。

当一个"问题学生"在老师那里得到关心与尊重的时候，他往往会心存感激并且乐意接受你的教育。从那以后，小黄果然变得懂事了许多，也不再顶撞老师了，反而非常乐意协助我完成班级的管理工作，做事少了几分浮躁、多了几分沉稳。在毕业之前的现场招聘会上，他顺利地被顺德区顺安机动车检测站招聘为汽车钣金维修学徒，并且在企业调研时因为能够吃苦耐劳而得到了企业领导的高度赞扬，对于这份工作他非常满意。在一次电话中，他跟我说了这样一句话，令我印象深刻："多谢老师三年来的教育和培养，让我找到这份工作，以后我要好好工作，多赚一些钱，将来让我妈过上好一点的日子，她的心脏不好，我不想让妈妈为我担心”。多懂事的孩子啊！

小黄毕业工作半年后，在2013年的当地冬季征兵活动中，由于健康的身体条件和良好的思想素质，他顺利地通过了所有征兵筛选流程，光荣地入伍，成了一名中国人民解放军战士。听到这一好消息之后，小黄第一时间通过电话向我报喜讯，并且恳求我一定要参加在他家乡举办的送兵晚宴。在送兵晚宴上，看到小黄身着军装，英姿飒爽地向所有到场嘉宾介绍我这个班主任，并感谢我三年来对他的栽培的时候，我深深地感受到作为一名人民教师的成就感和幸福感。为国家和社会培养有用的人才，这就是人民教师的价值。

唐代著名教育家韩愈在《师说》中写道，“师者，所以传道、授业、解惑也”。这句话为教师的教育职能做了最好的诠释。也有人说，“教师是人类灵魂的工程师，是阳光底下最神圣的职业”。这说明人民教师这一职业是多么神圣。作为一名中等职业学校的班主任，在做好班级建设的过程中，应根据学生的特点，善于捕捉适合的教育契机鼓励、引导学生快乐学习、健康成长。通过对小黄的教育，我得到了更多的思考和启示，运用自己的知识和智慧可以改变那些需要关心与帮助的学生，把一块“璞玉”雕刻成“美玉”，“雕刻”的过程虽然艰苦，有时候甚至很痛苦，但看到学生健康成长，并成为有用之才的时候，我感到无比快乐。

遇到你是我的缘

周瑞芳

我始终相信我与我的学生都是有缘的，在960万平方公里的土地上，在亿万个与众不同的个体里，我们每个人都是独自地存在、行走着，却在某所学校的某间课室里相遇了，没有早一步也没有晚一步，想想这是多么奇妙的际遇啊。每每想到这些，最先浮现于我脑海中的是我的一个学生——阿浩。

那时，我刚接手了一个班，这个班的学习氛围很差，一年之内换了两个班主任，之前的班主任大多因为年轻不懂得与学生交流、相处而被学校“拿下”，作为老资格的我也算是临危受命吧。开学之前，我特意跟之前的班主任们打听班级的情况，他们都特意跟我提到过阿浩这个学生，说他性格乖僻悲观、桀骜不驯，在班里“破坏力”特别强，特别难处理。

第一次见到阿浩，是在开学典礼上。他看上去和同龄的孩子没有什么差别，一脸稚嫩、头发稍长，脸上除了那个年龄段的孩子特有的纯真外似乎还多了一丝忧郁与怀疑。他不会像其他孩子那样，因为会议的冗长而左顾右盼、窃窃私语，他就那样直直地坐着，一副冷眼看世界的样子。

作为一个有着20多年教龄的老教师，我始终相信那句话——没有教不好的学生，只有不认真教的老师。我第一次被阿浩震惊到是在一次早读课的时候，那次早读我给学生们布置的任务是背诵《诗经》里的两首诗——《蒹葭》和《关雎》。其他学生苦苦挣扎了一个早读都不能将这两首诗背下来，而他居然只用了五分钟。那是我第一次见识到他在语文方面的天赋，那时我就在想，这样的苗子如果静下心来读书前途应该是不可限量的。而后在他的日记当中，我见识到了他的文字功底和魅力，他的文章绚丽却夹杂着太多的悲观和愤怒。我那时想不明白，一个这么小的孩子，哪里来得那么多忧愁和愤怒？但教师的职业道德告诉我，只有让这个孩子乐观开朗起来，才能更好地激发他读书的潜能。我试着努力给予他更多的关注、更多的鼓励，尽力去打开他心里的那扇窗，让阳光照进去。

于是，我试着找他谈心，我深知这个年龄段的孩子的世界观和人生观都处在关键的塑形时期，如果这个时候没有得到正确的引导，那么当他的性格和世界观定型以后，对其今后的人生有着决定性的负面影响。一开始，我并没有意识到他是一个那么有个性或者说有戒备心的孩子，我以为只要给予他多点关注和鼓励就可以了。可事情却并非那么简单，我曾经两次试着叫他去办公室聊天，他都以沉默应对或者直接忽略我的友好。在尝试了几次之后，我的积极性也开始有点受挫了，我在想，一个这么小的孩子怎么会如此冷漠呢？或许他只是那种“少年不识愁滋味”，“为赋新词强说愁”的懵懂少年，而并不是像那些年轻老师们所说的那样冷漠和叛逆。但在他的随笔和日记中，我确实感觉到了他的与众不同，他的轻狂、忧郁、愤怒以及与他年龄段不符的孤独，还有与人诉说的渴望。

我一直在思考，为什么他会抗拒与我交流呢？他分明是想与人交流的，后来我猜想是不是因为办公室的老师太多以至于他不好意思开口。有次午休，我抱着这个想法再一次把他叫出来，就坐在校道树下的长凳上。这一次，我感觉他与以往有明显的不同，虽然还是那样沉默寡言，但没有了那种拘束和冷漠，我知道他只是还没找到打开话匣子的契机。

我并没有直接问他为何如此心事重重和冷漠，一开始，我只是表达了我对他语文方面天赋的佩服。好的孩子应该是被夸赞出来的，要想让孩子乐观开朗起来，首先是要帮他建立起足够的自信。我就像和朋友聊天一样，讨论他惊人的记忆力，然后再夸赞他的随笔和日记里的文采。说到这些，笑容终于在他脸上绽放了。我知道，已经有一缕阳光照进他心里那道紧掩的窗扉了，孩子的笑容是纯真的，这也感染了我，正是孩子们那一张张纯真的笑脸感动并支持着我多年的教师生涯。谈到了他的随笔和日记，以此为契机，我们自然而然地开始讨论他的随笔和日记里的那些忧郁、悲观。终于，话匣子就像一道堤坝，只要打开了缺口，自然就一泻千里了。他侃侃而谈，谈到了他的过去、他的故事——中途辍学，父母不在身边等，这些都是影响他性格形成的因素。

那次谈心以后，他慢慢开始有了积极的变化，脸上笑容多了。我知道那个时候他不仅是缺乏交流与鼓励，也缺乏家庭的温暖和母爱。于是，我更多地给予他关注与温暖，平时在课堂上更多地给予其自信和表现机会，课下更多地与他谈心，生活中给予他更多的关爱和温暖，平时给他带点零食、水果，感冒发烧的时候带他去看医生、买药。就这样，冰冻的心慢慢消解，更多的笑容与自信出现在他脸上，他的学习成绩也直线飙升，并多次在作文、演讲竞赛中获得第一名。

终于，他从一个被其他老师厌恶的学生变为学校重点关注的明星学生。看着他站在升旗台上对着全校师生作激情澎湃的演讲，看着他在课堂上自信满满地回答问题，看着他脸上洋溢着灿烂笑容和同学玩耍时，我感到特别成功和满足，也感到教师这份职业的平凡和伟大，或许这也是我从教这么多年来的动力所在。

佛曰："前世的五百次回眸，才换来今生的擦肩而过。"我想，我与我的学生们定是经过千百世的望穿秋水才相聚于那一间早已等在那里的课室，我们在那里相聚相识，然后一路搀扶共同走过一段路程。他们给予我继续授业的动力，我给予他们知识和人生的信心，然后到了一个分叉路口，又彼此告别，重新上路前行。于此，我只能给予他们我最诚挚的祝福，祝他们的未来一帆风顺、繁花似锦。

给他一片蓝天

金鹏飞

我很幸运，因为我是一名教师。更幸运的是，我在教育学生的过程中尝到过成功的喜悦。我担任班主任已近6年，在这6年的班主任生涯中，有过苦，但更多的是快乐。想起曾经教育过的学生，常常会激起我心中的涟漪，甚至使我眼眶潮热。有时躺在被窝里或在橘黄的灯下，回味那些令我感动的人与事，我的内心便充溢着幸福和温暖。

半年前，在我的QQ空间里曾经有过这样的留言："金老师，以前的我令您很讨厌吧，说真的我也一样讨厌您。自从来了顺德之后一切都变了，我变得不再讨厌您了。虽然在语言上有些不尊重您，但是在我心中您是一个值得我尊重的老师。是您在我的叛逆期把我教好，是您对我的坏选择隐瞒而不让我妈妈知道，是您对我不舍不弃，一直认为我还是有希望的，最终我没有让您失望。虽然复习得不太认真，但最终还是考上了我报的理想院校。老师，谢谢您了！教我的老师众多，您是最好的，真的！"

这是一个已经上大学的学生给我的留言，至今我仍然保留着。

睹字思人，我的脑海中浮现出了一个洒满阳光的脸，还有他那一双澄明的眸子。每当看到他的这段话，我就会不由自主地回到2008年我教的第一届学生的快乐时光里。

那一年，学校委派我到台山敬修中学支教，从此也开始了我的班主任生涯。当时我很年轻，也很爱我的学生。一入学我就了解到我们班的李同学，他性格叛逆，极度厌学，喜欢上网和打篮球，在班里没什么朋友，很多同学都不愿跟他玩。他父母的文化水平也很低，事事顺着他，所以他的学习欲望不强，一些习惯不好，成绩也很差。刚开始的时候，他的学习成绩就和班里的同学相差很远，英语就考几分。旷课更是家常便饭，还经常不完成作业。

面对这种情况，他的家长也没有办法，觉得管不了。大人一说他，他就离家出走，所以就只能由着孩子的性子发展了。鉴于李同学及其家长的态度，别的老教师都跟我说别再管他了，由着他去吧。等到他大了让家长尝尝自己种下的苦果吧，你管多了，最后费力不讨好，何苦呢?

但我想，每个学生的生命中都应拥有一片纯净的蓝天，老师的责任是拨开乌云，给学生撑起一片蓝天，让他们都能见到灿烂的阳光和闪烁的星星。最后我决定，我要用我的耐心和爱心去尝试感化他，我要用我的智慧去改变他!

我开始主动接近他，经常去他家里家访，和他的家长共同探讨教育孩子的方法。当他难得认真做作业的时候，我就站在他的身旁，我发现在我的注视下，他的作业写得很工整。对于这个进步，我在班会课上大力表扬他，同时鼓励他说："如果你把作业都按时完成，你一定是我们班最棒的学生。"第二天收作业的时候，我惊喜地发现，他的作业一样都不少，而且写得特别好。而在周记中，他也写了对我感激的话，说读了这么多年书，甚少听到老师表扬过他。我在周记上给他留下了这样的评语："选择是一种能力，机会永远属于会选择的人！成功从培养好习惯开始。我期待你的成功!"周记发下去后，当他看到我给他的留言以后，激动地抬起了头看我。当他看到我注视他的目光时，他的脸激动得红了。我忽然从他坚定的目光中看到了一个男孩子的自信，我立即向他点了点头，用目光鼓励他。从那以后，李同学像变了一个人似的，不但作业写得好，而且积极参加学校的各项活动。他经过不断努力，在我校举行的自主招生选拔考试中，取得了好成绩。最后通过自己的努力，他还考上了广州技师学院。

高尔基曾经说过，"最有希望获得成功者，并不是才干出众的人，而是那些最善于利用时机去努力开创的人”。我对李同学说：“你现在已经迈开了成功的第一步，只要你不断地学习，你就什么都知道了，你知道得越多，你就越有力量。”

在毕业的时候，李同学给我写了一封信，信里有这样一句话：“我们喜欢您，年轻的老师！”文字不多，却如春风般轻柔，它像是雨过之后晴空中灿烂的彩虹。那时那刻我感受到了当老师的幸福，体验到了做班主任的幸福。是他，让我沐浴着太阳底下最崇高事业的光辉。选择教师，我就选择了微笑与欢乐、感动与幸福！

一个令人难以忘怀的学生

王丹红

一周前，我刚上完课，手机就响了，是一个学生打来的，他说："老师，今天我休假，想过来看看您，您喜欢吃什么？"我说："不用客气，你来看老师，老师已经很高兴了，不用带东西来。"接完电话，我陷入了回忆中……

那是2006年9月份，我刚接手了计算机某班的班主任和数学教学工作的时候。

该班处于中职学校二年级阶段，是一个高职备考班，班里有一个男生叫小曹，特别显眼，一米七八的个头，长得挺帅气的，坐在最后一排。第一天上班会和数学课时，他能认真听课，上课喜欢回答问题，胆子大、反应快、头脑聪明，我对这个学生的印象不错。但在接下来的几天里，他的问题接踵而至，迟到、做清洁不认真、缺交作业、上课睡觉，甚至有一天下午上学时，他不仅迟到了，而且满脸通红。经调查，原来他中午和几个朋友在校外喝酒了。为此，我找他谈话，在交谈中我发现他的个性强、脾气大，不容易接受别人的观点。为了转化他，有一次我把他叫到办公室，他心存疑虑地跟我到了办公室，准备接受我的批评和说教。让他想不到的是，我没有批评他，而是像拉家常一样了解了他的家庭情况，然后鼓励他担任班级的团支书，他高兴地答应了，看得出他是喜欢担任班干部的。后来，在我的鼓励下，他又去竞选了学校的学生会干部，并如愿当选了学管部副部长。看到他在我的引导下逐步上进，我心里暗喜。以后发生的事却让我心存担忧，他每天忙于学生会的事务，经常缺课，即使上课精力也不集中。他因为代表学校参加卫生知识竞赛而缺考期中考试，下半学期的几次数学测验也因为学生会的事给耽误了。期末考结束以后，他的数学成绩差得令我惊讶，只得了35分。看到这样的分数，我并没有马上批评他，也没有找他谈话，而是让他自己利用寒假进行反思。

第二学期一开学，我就找了个机会与他谈话，我肯定了他在学生会和班级工作方面的成绩，但也指出了他数学成绩的不足，作为高职升大班的成员，他的目标是为了考上大学，而在高职考试中，语数英的成绩非常重要，而以他现在的成绩，肯定是难以考上大学的。我与他一起分析造成这种局面的原因有哪些。在我的引导下，他很快明白了：他将精力过多地放在了学生会工作上，而忽略了学习。经过这次谈话后，他在课堂上的表现又回到了活跃、积极回答问题的良好状态。为了提高他学习数学的兴趣，我在课上经常给他展示的机会，并给予及时的表扬。渐渐地，他学习数学的劲头越来越足，上课除了能认真听讲外，还能积极思考，并提出不同的解法。在期中考中，他的成绩已经提高到62分，以后的单元考逐步提高到70多分、80多分。在我的鼓励和指导下，他的学习状态越来越好，自信心也越来越足了，他还向我表示，他的目标是总分全班第一。

第二学期，他的各项表现有了较大的进步，但还偶有迟到、喝酒、上课睡觉的现象。我坚持每个月与他的家长联系，和家长交流他在家和学校的各种表现，与家长共同监督和教育他。慢慢地，他能控制自己的交友范围，喝酒次数也比以前少了很多，晚上也能按时睡觉，迟到和上课打瞌睡的现象也渐渐少了。

他的个性强，性格有些冲动。一次在上班会课时，他的手机突然响了，我让他把手机交给我，他不肯，还辩解道：“我的手机坏了，是它自己无故响的，不信你问我爸。”这种理由经常有学生会用，我不大相信，坚持让他把手机给我，这时他的情绪有些激动，在座位上嘟嘟囔囔，与我顶撞起来，并说了粗口。当时我非常生气，心想：“我平时对你那么好，你却这样对待我，还骂了我。”但我马上稳住自己的情绪，说：“你的手机响了，影响了上课，先把手机给我，下课再找我解释，什么都好解决。”在我的坚持下，他极不情愿地把手机交给我。课后，我找他谈话，告诉他：“学生是不允许带手机到学校的；你偷偷地带了，上课就要关机，否则会影响老师上课，也影响自己和其他同学听课；如果你带了，手机不小心响了，你首先应意识到的是自己错了，没有管理好自己的手机，影响了上课，因此态度一定要好，配合老师的教育，后果就没有那么严重了；但你不仅态度恶劣，还骂老师，这就错上加错了。希望你以后要学会处理问题……”在我的引导下，他的态度慢慢地缓和了，也同意了我的观点，最后向我道了歉。

以后在与他的多次谈话中，我逐步给他分析了他性格冲动的弊端，用和风细雨式的教育方式去感化他，他渐渐地意识到自己的不足，慢慢地，性格也温和了许多，待人也友善了，懂得如何与人相处了。

一年后，经过自己的努力，他终于在高职考试中以 343 分的高分居全班第一名与全校第二名，顺利地考上了大学，实现了自己的理想。

如今，他已在本地银行工作两年了，回想起这些点点滴滴，令人难忘，也令我感受到做一个成功老师的喜悦！

老师向你脱帽致敬

李毅广

我们来想想走过的人生之路，在学校时，很多被老师公认的好学生如今有多少成为国之栋梁，那些被老师看衰的学生，如今又有多少真的成为庸庸碌碌之辈？有时，回头看看走过的人生路，会发现人生会给我们开个大玩笑。我们的教育理念，我们看世界的眼光，是否应该好好地反思一下？

掐指一算，我在三尺讲台上摸爬滚打了近30年，个中的喜怒哀乐、酸甜苦辣，“才下眉头，却上心头”。近30年的风风雨雨，送走了一拨又一拨学生，总有那么一些师生情缘叫人魂牵梦萦，终生难忘。无论是普通高考走进北大、清华的学子精英，还是高职高考笑傲登顶的中职考生，都会带给我桃李满天下的荣耀。而其中最特别的是，对于中职学校普遍被人看不起的“浪子”，他们的“金不换”，更是叫人刻骨铭心。

来到职业学校之后，我带的电子012班中有一个叫锐强的男生给我留下深刻的印象。锐强，如他的名字般精壮、结实的男孩，他有一头蓬松卷曲的长发、深邃中略显忧伤的眼神，衣着有些不修边幅，一幅桀骜不驯的模样。一次，我代表科组在本班上教学公开课，在讲得最出彩时，我突然瞥见坐在前排的锐强正在呼呼酣睡。我示意旁边的同学叫醒他，可他没有任何反应。听课的老师看不下去了，用力摇醒他。他睡眼惺忪，十分恼火。我问他的名字，他猛地站了起来，大声说：“泥坑。”全班哄堂大笑。我强压下心头的不快，调侃说：“锐强啊锐强，何苦这么糟蹋自己，父母对你寄予殷切厚望，希望你锐意进取，无比强大。”锐强却嬉皮笑脸地说：“我乐意呀！”我无言以对。事后，我多次找他谈话，都是不欢而散。我终于抑制不住心头的怒火，和身边的同事说起锐强时用了很难听的话。

不知怎么的，这话却传到了锐强的耳中，他主动找到我说：“老师你可以看扁我，但不可以这样侮辱我，我也是一个人。”是啊，在这个星球上，每个人都有自己做人的权利，没有人可以剥夺。我向他表达了自己的歉意，没想到一向玩世不恭的锐强，竟有了谦和之色。谈完话后，他硬硬地撂下一句：“看我的，后会有期！”三年时光匆匆而过，在一个秋后的傍晚，我忽然接到了锐强的电话，“老师，有时间吗？我们到你家附近的水浒茶庄喝茶吧。”在飘着悠悠清香的茶楼里，我仔细地打量着锐强，他西装革履，系着花格领带，脚踏锃亮的皮鞋。卷曲的毛发也变成了顺溜的短发。“锐强，现在怎么样？”我问。“嗯，还行。毕业后到周边城市打工，打工毕竟不可以一辈子。现在和朋友合伙开了一家品牌服装连锁店。”他自信地说。“生意怎么样？”我又问。他回答：“还过得去，温饱没问题。”后来，我们的联系比较密切了。有一次，他告诉我他打算去广州一所知名大学读书进修，公司要做强做大，没有开阔的视野、深厚的专业知识，只能被竞争激烈的市场淘汰。我感喟万千，“士别三日，当刮目相待”，千万不能以世俗的眼光看扁一个人，我们做教师的也要学会与时俱进，用发展的眼光看问题，很多原来有问题的学生，可能就是未来的青年才俊。如今，锐强已经独自创办了一家贸易公司，在竞争激烈的市场上，生意做得风生水起。每年的教师节和春节，他都会给我问候电话，或登门拜访，叙叙旧情。

“尺有所短，寸有所长”、“金无足赤，人无完人”。我们做老师的应该向他们——世俗眼中的“浪子”，脱帽致敬，因为有了他们，你才会发现这个世界是多么精彩，我们的生活是多么幸福。

光芒无处不在

高 军

有老师说，“我最怕做班主任，工作烦琐，精神压力大，学生难教”。可我不这样认为，我喜欢做班主任，因为它给了我锻炼的机会，给了我工作的寄托，让我在教育的人生旅途上增添了色彩。我总认为，如果没有做过班主任，对教育的真谛是体会不深的。

小梁家住农村，家里很穷，父母离异，姐弟三个都是在爷爷奶奶身边长大的，他想读大学，但家里没钱供他读升大班，他是那种桀骜不驯且对任何事都看不习惯，逆反心理较重的学生。所以，在我刚接手这个班级时，我就把他定为我的帮扶对象。小梁有时在班上会公开和班主任、科任老师唱反调。有一次在我安排大清洁工作时，小梁公然站起来对我说：“我们是来上学的，不是来搞卫生的，凭什么让我们做这些清洁阿姨做的事？”班里的其他同学也跟着一起起哄。当时我很生气，当着全班的面狠狠地批评了他，他一开始还和我顶撞，后来看我真的生气了，也可能是碍于我是老师，就没有再多说什么了。这件事发生后，小梁并没有收敛，而是时不时地带着班里的其他同学与老师作对，班级的风气在他的带领下一度变得很差。为了教育他，我真的很头疼，甚至有了放弃他的想法，但一想到他的家庭，我还是有些不忍心。

后来，我找了班里和他关系好的学生聊天，从侧面了解他的兴趣爱好等。了解到他喜欢体育运动，我就充分发挥自己作为体育教师的优势，在校运会前和他一起商量该如何组织好班级同学报名工作。在那次的谈话中，我发现了他的眼睛里闪耀着前所未有的光芒，甚至闪动着泪花，也有那种被老师重视后的感动和惊慌失措。那次的活动他没有让我失望，组织得非常好。在那次校运会上，他也积极地报名参加了跳高和跨栏比赛，我就利用体育课及课外的时间积极辅导小梁的跳高和跨栏技术，使得他在校运会上获得了年级组跳高第一名和跨栏第四名的好成绩，后来我又吸收小梁进入学校男子毽球队，让他参加顺德区中学生毽球比赛，最终他获得高中男子组第五名的好成绩。在这个帮教的过程中，他了解到了老师为人处事的风格，我也树立起了在学生心目中的绝对威信；同时，我又使学生感觉到班主任就像自己的父母一样，有时我明显感觉到学生已经被彻底感动了。自从那以后，他再也没有出现过不听班主任教育和安排的情况，还在班级里面主动担任了体育委员一职。

每个学生都具有不同的家庭背景，也造就了他们不同的性格和为人处事的方式，作为老师的我们要善于去发现学生的闪光点，能够运用多种方式方法去转化学生，让学生能够体会到老师对他们的爱，只有真正地去爱学生，才会发现每个学生身上独特的光芒。

赠人玫瑰　手有余香

颜佳曙

在2011学年，我接手了一个来自化州的外地班级，这个班是属于我校与他校联合办学的班级，施行的是“2+1”的教学模式，第一学年在化州新安中学学习，之后两年在我校就读。也许因为学生都是来自偏远的山区，所以这些学生比起本地学生来说都比较上进、纯朴。

但是，刚开学不久，就有这样一个学生进入了我的视野，这个学生就是财同学。刚入校第一天他就旷课，之后一段时间都有迟到、旷课以及抽烟的不良行为出现，他的纪律意识淡薄、作风散漫。在学习方面，他上课时注意力不集中，学习态度不端正，也不遵守上课纪律，比较厌学，学习成绩差。为了进一步摸清楚他的秉性和以往的表现，我一方面找班上的同学了解情况，毕竟同学之间相处了一年相互之间也更了解了，另一方面向他原来学校的班主任打电话了解他的情况，同时给他家长打电话，了解他的家庭情况。经过一番调查了解后，我得知他在以前的学校里可以说是“响当当的人物”，任何违纪行为都有他的份，更让我吃惊的是，他还曾经因为偷盗被抓进过劳教所。这时，我才意识到他的问题的严重性，因此立马将他看作本班的后进生，作为长期重点帮教的对象。

我在与班上同学、他原学校的班主任以及家长的交谈中了解到，他在同学中很讲义气，集体荣誉感非常强，在家里也是一个非常有孝心的人，有着强烈的自尊心。这让我看到这个学生有着渴望进步的心，他只是缺乏有效的引导。因此，对于该生所犯的错误，我并没有直接训斥，因为直接训斥是一种伤害性很大的教育方法，并且收效甚微。我觉得对学生的教育应该是以引导为主，而不是强迫，强迫解决不了任何问题，反而会留下深深的隐患，为学生带来更大的伤害。所以一定要在思想上让他认清问题的实质，真正明白自己所犯的错误，然后才是怎样解决问题。

随着相处的时间越来越长，我发现他其实还是一个多才多艺的学生，他在舞蹈方面有一定的特长。这又让我看到了该生的闪光点，因此，为了帮助他进步，充分发挥他的特长，在2011学年第一学期的文艺会演以及第二学期的集体操大赛中，我不仅让他作为一名参与者，而且让他担任整个活动的策划者之一。特别是在集体操大赛中，我们班表演的是军体拳，他承担了整个集体操内容的教授和训练，也正是在他的带领下，在这一次大赛中我们班拿到了全校第一名的好成绩。在这一系列的活动中，我充分信任他、鼓励他，并在一旁引导，让他体会到成就感。

不管是他犯了错误还是取得了进步，我总会找他谈话，但是在谈话中，我们更多的是像朋友一样在聊天，这样不仅能拉近我们之间的距离，也能让他完全放下心防与我交流，这样才能真正地了解到他真实的想法。记得在一次谈话中，他跟我说："老师，其实我以前在新安中学的时候从来不理那些老师，但是在这里我很喜欢跟你聊天，什么事情都想跟你聊。"听到这些，我知道我教育的目的达到了。

优秀的班主任不在于让学生惧怕他，而在于运用智慧让学生爱他、信任他。因为爱的力量胜过说教、胜过拳头，能让学生认识到自己的错误所在，并从心底接受批评，没有抵触情绪，让学生心悦诚服。托德·威特克尔说："成功教师的一大特点是，他们能在课堂和学校里创造出积极的气氛。他们每天都以尊敬的态度对待每一个人。即使最优秀的教师或许也不会让每一个学生都喜欢。但从行动上看，他们却好像受到每一个学生的欢迎。因为他们了解赞美的力量。"学生是一个特殊的群体，他们渴望被尊重与关注。班主任工作是一门艺术，艺术的生命就在于不断创新，而创新的关键就在于在坚持教育精髓的同时，通过不断反思自己，不断改变教育手段，完善自我。经历了困惑之后，我也收获了感悟，我的班主任之路，是一条不断收获的路，是一条通往幸福的路。

师若不弃 生定不离

郑晓娥

担任班主任以来，有个问题一直困扰着我：对于屡教不改的学生，是选择放弃，听之任之？还是屡败屡教？又或者，搜集学生的各项“罪状”，尽快将其“请”出校门？

班里的何同学总是不能按时上学，各种违纪行为也是呈几何级数增长，给他记大过处分也无济于事。有一次，我发现他又没有来学校，就打电话给他父亲。他父亲竟然生气地对我喊：“我儿子不在家，他已经上学了。”当时，我觉得很难过、很委屈、很疲惫。

有一天特别冷，何同学又迟到了，我在车棚里等候着他。结果，我看见他正抱着一个电暖袋慢悠悠地走在校道上，我当时生气地大吼一声叫住他，然后一把抓过他的电暖袋扔在地上，说：“你什么意思？”

我与何同学就在冷风中对峙着，最后我实在冷得受不了，就叫他先回去上课，下课后再来找我。他倒还识趣，没敢捡那电暖袋。

发脾气后我就冷静了下来，得用什么方法对他进行教育呢？常规的谈话、电访、家访都没有任何作用，家长也指望不上。怎么办呢？

我知道他有个优点，身材高大，爱好运动，篮球打得很不错。最后，我决定让他担任体育委员，发挥特长，督促自己按时上学。

何同学再来找我时，我首先向他承认自己生气不对，他也不好意思地说是他有错在先，还屡次犯错，我趁机将自己的想法跟他说了，他说担心自己不能按时到校带队，到时候连累了班上的同学。我很坚定地对他说：

“困难肯定有，但办法会更多，老师相信你一定能行，你每天带着班上的队伍出现在运动场上，多威风啊！”

知易行难。但是我每天放学都提醒他第二天要早起，他也努力做到不迟到，尽心尽力做好体委工作，在家长会上我还特意表扬了他，他的家长也非常高兴。经过一个学期，我庆幸地看到他改掉了很多坏习惯，在毕业之前，因表现良好，学校撤销了对他的处分。后来他加入了中国人民解放军，在送他参军的那一天，也是天冷下雨，他从外面跑来，一身军装的他突然站在我的面前，吓了我一跳，他什么也不说，唰地立正，给我行了一个军礼，看着雨水沿着他的脸颊往下流，我感动得几乎热泪盈眶……

校长多年前曾在全校教师大会上讲过，“放弃一个学生，祸害一个家庭”。我想：“放弃学生是很容易的，但是要努力把一个老师的本分做好，我们将收获其他任何工作都无法给予的成就感，因为我们面对的是活生生的有感情的人，我知道自己不可能将每一个学生都教育得聪明上进，但我会努力让学生做最好的自己。”

困扰我的问题将不复存在，但新的问题还会不断出现，我坚信，希望在明天！